中国名村志文化工程
Culture Project of Local Records of China's Famous Villages
中 国 名 村 志 丛 书

电站村志

LOCAL RECORDS OF DIANZHAN

江苏省太仓市城厢镇电站村志编纂委员会 编

方志出版社
Publishing House of Local Records

图书在版编目（CIP）数据

电站村志 / 江苏省太仓市城厢镇电站村志编纂委员会编 . —北京 : 方志出版社 , 2022.9
（中国名村志丛书）
ISBN 978-7-5144-5062-0

Ⅰ. ①电… Ⅱ. ①江… Ⅲ. ①村史—太仓 Ⅳ. ①K295.35

中国版本图书馆 CIP 数据核字（2022）第 057063 号

责任编辑：王品
责任校对：刘玉霞
责任印制：赵楚
出 版 者：方志出版社
地　　址：北京市朝阳区潘家园东里 9 号（国家方志馆 4 层）
邮　　编：100021
网　　址：http://www.zgfzcb.cn
发　　行：方志出版社图书营销中心（010-67110500）
印　　刷：北京中科印刷有限公司
开　　本：787 毫米 ×1092 毫米　1/16
印　　张：15.25
字　　数：275 千字
版　　次：2022 年 9 月第 1 版
印　　次：2022 年 9 月第 1 次印刷
定　　价：123.00 元

◉ 序一

中共十九大报告明确提出："坚定文化自信，推动社会主义文化繁荣兴盛。""没有高度的文化自信，没有文化的繁荣兴盛，就没有中华民族伟大复兴。要坚持中国特色社会主义文化发展道路，激发全民族文化创新创造活力，建设社会主义文化强国。"编修地方志是中华民族千百年来的固有传统，留下了浩如烟海的历史文献，承担着传承中华文明、发掘历史智慧的重任，发挥着存史、育人、资政的作用。

在习近平新时代中国特色社会主义思想指引下，在增强文化自信、推动传统文化创造性转化、创新性发展背景下，全国地方志事业迎来了开拓创新与转型升级的重要机遇期。中国地方志指导小组及其办公室组织实施的中国名村志文化工程，用中国独有的文化载体——地方志，来记录乡村的"名"和"特"，记录乡村全面建成小康社会的进程和取得的成就，是地方志围绕以人民为中心开拓创新的具体举措，是传承乡土文化、坚定文化自信、加快建设社会主义文化强国的内在要求，是服务乡村振兴战略、加快全面建成小康社会、推进社会主义现代化建设、实现中华民族伟大复兴中国梦的应有之义。

实施中国名村志文化工程，是方志人贯彻落实习近平总书记"农村要留得住绿水青山，系得住乡愁"重要讲话精神的重要举措。"望得见山、看得见水、记得住乡愁……"习近平总书记用诗意的语言为中国的新农村建设指明了方向。开展新农村建设、美丽乡村建设，一定要把绿水青山保留下来，尽可能在原有村庄形态上改善农民生活条件，不盲目拆旧，也不盲目造新，让家乡的每一条河、每一棵树、每一口井，都能永远成为我们的乡愁。这是我们弘扬传统、面向未来的底气所在。那么，如何留住乡音、乡风、乡思，继承传统文化菁华，挖掘历史智慧，成为极其重要的工作。实施中国名村志文化工程，保护抢救、传承保存、开发利用宝贵的村落文化，重新唤起人们记忆中古老村落的青山绿水、小河大树、轶事掌故，打造完整记录乡村发展嬗变和现代化农村经济社会运行模式的系列中国名村志丛书，让乡土文化回归并为困惑的当代人提供精神家园，让农耕文化的优秀菁华成为建构农村文明的底色，无疑具有重要的现实意义和深远的历史意义。

实施中国名村志文化工程，是方志人贯彻落实党中央乡村振兴战略的鲜活实践。中共十八大以来，以习近平同志为核心的党中央高度重视农业、农村、农民工作，提出了许多新理念、新思想、新战略，特别是中共十九大报告作出实施乡村振兴战略的重大部署。2018年9月26日，中共中央、国务院印发《乡村振兴战略规划（2018—2022年）》，明确提出“鼓励乡村史志修编”。深入推进中国名村志文化工程，有利于全面翔实记录乡村振兴进程，客观记载地理环境、历史沿革、姓氏源流、人口、民族、方言、民居、宗祠、风俗习惯、家谱族谱、家规族规、宗教信仰、文物遗址、掌故传说、历史事件、人物等，完整保留乡土文化的原貌。所有这些工作，可以为延伸地方志工作触角，充分发挥志书存史、育人、资政功能提供借鉴；可以为社会各界和华人华侨、港澳台同胞寻根问祖、反哺桑梓、泽被乡里提供帮助。依托中国名村志文化工程的重要平台与载体，乡村振兴战略下的现代乡村将进一步挖掘自身独特内涵，彰显其新时代的作用及意义。

中国名村志文化工程从新时代中国特色社会主义的新需求出发，创新体例，立足实际，内容既严谨又通俗，展示了不同地区自然和社会风貌，在坚持志体基础上运用专题报告、回忆录、人物访谈、新闻资料等多种手法，重点介绍农村地区在转型发展方面的探索、示范、引领意义，对于不断提高地方志事业围绕中心服务大局的能力，为乡村改革发展贡献历史智慧，讲好中国故事，彰显中国软实力，增强“四个自信”等方面具有积极意义。

两年来，在借鉴中国名镇志丛书及各地乡镇（村）志宝贵编纂经验的基础上，中国名村志丛书编修不断取得丰硕成果，产生了良好的社会效益，新一批中国名村志的申报数量、覆盖范围延续强劲增长态势，充分体现出强大的内生动力。下一步，要总结经验、把握规律，为服务国家城镇化建设和乡村振兴战略打造更多优秀文明成果，推动中华优秀传统文化创造性转化和创新性发展，从中提炼出适合新时代、新形势、新变化、新要求的文化精髓，展现中国方志的当代价值和世界意义。

是为序。

中国社会科学院原院长
中国地方志指导小组原组长　　谢伏瞻

序二

连绵不断地编修地方志是中国独有的优秀文化传统，承担着赓续文明、传承文化的重任。保存至今的8000余种、10万余卷历代方志，蕴含着传统文化基因和海量文化信息，既是中华优秀传统文化的重要组成部分，又是传承、彰显中华优秀传统文化的重要载体。

在各种类型的地方志编纂中，村志编纂古已有之，但从未进入国家层面的地方志编纂序列。新中国成立以来，党中央、国务院高度重视包括村志编纂在内的地方志工作，出台了重要文件。中央领导发表了重要讲话、作出了重要批示。习近平总书记高度重视包括村志编纂在内的地方志工作。2004年10月，他在担任浙江省委书记时到江山市凤林镇白沙村考察，看到村民编纂的《白沙村志》，鼓励村民把村志继续编纂下去。2014年4月，副总理刘延东在与第五次全国地方志工作会议部分会议代表座谈时指出："要结合发展的新形势，加强对地方志包括部门志、行业志、专题志、乡镇村志编纂的业务指导和服务。"2015年8月，国务院办公厅印发的《全国地方志事业发展规划纲要（2015—2020年）》，正式将中国名村志文化工程列为主要任务之一。2017年5月，中共中央办公厅、国务院办公厅印发的《国家"十三五"时期文化发展改革规划纲要》指出："完成省、市、县三级地方志书出版工作。开展旧志整理和部分有条件的镇志、村志编纂。"可以说，村志编纂迎来了历史上的最好时期。

农业、农村、农民"三农"问题，是数千年来影响中国社会发展最核心的问题。中共中央高度重视"三农"工作，从2004年起，连续13年，每年的中央1号文件都聚焦"三农"。中共十九大报告更是提出"农业农村农民问题是关系国计民生的根本性问题，必须始终把解决好'三农'问题作为全党工作重中之重"，特别是提出了"乡村振兴战略"，这是中国共产党在中国特色社会主义进入新时代后，对农村发展问题所做出的准确把握和与时俱进的战略应对，是建设中国特色社会主义强国战略的重要组成部分。改革开放近40年来，在党中央、国务院高度重视社会主义新农村建设的新形势下，各地涌现出一大批历史文化名村、经济强村、新农村建设示范（试点）村、美丽乡村和特色村，成为先进生产力和先进文化的代表。客观记录中国农村全面建成小康社会的进程，向后人展示在中国共产党领导下农村千年未有的巨变，是地方志工作者肩负的光荣而重大的历史使命。编纂中国名村志丛书，是记载当代中国农村发展变革的重要途径。

文化寻根，寻的是其发展的源头和根基。村落是中国传统文化的根基所在。农村的生产生活方式、社会规范、宗族文化、宗教文化、民风习俗、传统节日、民间艺术等，无不镌刻着中国人独特的民族性格，这就是家国情怀、文脉绵延、精神归属。在快速城镇化进程的冲击和开发性破坏下，大量传统村落面临消亡的危机，村落蕴含的历史文化信息也流失殆尽，抢救性保护刻不容缓。编纂中国名村志丛书，是保存村落历史文化信息，抢救、保护村落文化最好的方式。

一方水土养一方人。家乡的山水草木、村间小巷、乡俗民情会在每个人心头留下深刻的烙印，这就是故土情结。而村落的形成与发展离不开人的活动。编纂中国名村志丛书，通过记述村落建筑、名门望族来追溯村落的历史；通过记述村落规模、布局、人口、物产等反映人口来源、宗族兴衰、生活习惯、文化背景、宗教信仰、经济发展等，体现环境与人相互影响、相互作用、相互发展的既矛盾又统一的关系；通过记述戏剧、音乐、舞蹈、美术、文学、手工技艺等文化形式，展示百姓在长期的生产生活实践中摸索和总结出的智慧结晶，强化人们沟通感情的纽带。编纂中国名村志丛书，是传承乡俗、诉说乡音、记住乡愁、纾解乡思，激活历史传统、唤起共同文化记忆、塑造共同心灵认同的重要文化工程。

中国名村志文化工程以践行文化自信、传承中华文脉、彰显时代发展为己任，以打造全国地方志系统的重要品牌为目标，在体裁运用、篇目设置、资料选择等方面进行大量的创新，突出“名”和“特”，拣选各个名村中最值得记述、最具有代表性的人、事、物，予以浓墨重彩的描画，从而形成系列的、高质量的、可读性强、雅俗共赏的地方志读本，让地方志紧接地气、贴近百姓，让地方志成果进入寻常百姓家，让人民群众共享地方志成果，让越来越多的人从地方志中感知传统、历史和记忆，成为传统村落和传统文化的守护者，成为中华优秀文化的传承者。

是为序。

中国社会科学院原院长
中国地方志指导小组原组长 王伟光

◉ 序三

习近平总书记指出："让居民望得见山、看得见水、记得住乡愁。"这句富有诗意的重要论述不仅唤醒了中国人城镇化建设过程中对于人和自然关系、人和历史关系的思考，同时也引发了学界对"乡愁"进一步进行文化意义解读的兴趣。从本质上看，乡愁是一种源自主体体验的情感，隐含了一种人们带着乡愁追寻自我生存与生命意义、追寻诗意栖居的精神家园的美学思辨。同时，这种追寻自我生存的主体逐渐转向大众群体，乡愁也由传统单一的"文化乡愁""爱国情怀"演变为对于"理想家园"的精神追求。

中国有近60万个村庄，约有5000个古村落，被住房和城乡建设部、国家文物局界定的传统村落就有1561个。随着中国城镇化步伐的加快，乡村的版图日渐凋敝，大批农村青壮年劳动力走进城镇，融入了新的生活。然而，每逢传统佳节，那种挥之不去的离愁别绪挟裹着亿万农民工，又融入了返乡的滚滚洪流。这是乡愁的情愫牵动着他们，是故乡的山、故乡的水、故乡的老屋、故乡的小吃在牵动着他们，是故乡家家户户的楹联和口口相传的故事，以及只有在隆重的传统佳节才有的古老的民风习俗在牵动着他们。

文化可以体现一个民族、一个国家、一个社会的重量与体温，这是文化的力量之所在，而村落是传统中国的根脉所系，乡土社会是最能够体现中国传统文化特征的地方。梁漱溟曾指出："中国文化是以乡村为本，以乡村为重，所以中国文化的根就是乡村。"我曾在《建设社会主义新农村的理论与实践》一书中指出，在新农村建设的过程中，必须"保护和发展有地方和民族特色的优秀传统文化，创新农村文化生活的载体和手段，满足农民群众多层次、多方面的精神文化需求"，而编纂村志尤其是实施中国名村志文化工程就是一个重要举措。实施中国名村志文化工程，编纂中国名村志丛书，以最基层的村落为研究对象，寻根传统村落的历史，梳理村落的发展脉络，以唤起人们的归属感和认同感，探索新型城镇化和社会主义新农村建设过程中，如何留住乡音、乡风、乡思，继承传统文化菁华，挖掘丰富历史智慧，是贯彻落实中央城镇化工作会议精神和中共十九大提出的"乡村振兴战略"的重要举措，是当前和今后一个时期全国地方志工作者的重要工作。

虽然村落文化正在日益远离当下生活，但我们可以抓住诸如基本村情、文物胜迹、古村保护、特色文化、旅游名胜、村域经济、风土民情、村民生活、新农村建设、艺文杂记、名人与名村等关键内容，通过志书的手法来诠释乡村文化的精华。我们如实记录着村落里的人和事，以及青山绿水、小河大树、袅袅炊烟，力争以最完整、最原真的方式呈现村落的前世今生。我们要为“迷失”的人留住乡村文化的根脉，让人们难以割舍的乡愁得以慰藉和释放。

中国名村志文化工程将触角伸向那些极具代表性的村落，它们有的历史悠久、名人辈出，有的经济腾飞、重获新生，有的风景秀丽、景观独特，有的地处边陲、神秘莫测……我们挖掘中国不同类型村落的发展之路，为探索新型城镇化和社会主义新农村建设的发展经验、发展模式、前进道路提供历史智慧和现实借鉴。因此，打造以重在表现乡村嬗变为主旨的中国名村志丛书十分必要和迫切，这是一项功在当代、利在千秋的文化工程。

近年来，随着中国经济社会的发展和国际地位的提高，越来越多的人想要认识中国、了解中国、研究中国。在这样的形势下，乡村是不可或缺的一环，我们要集中讲好发生在乡村的故事，向世界呈现一个多元的、立体的中国。乡村历经岁月变迁的风雨，见证着改革开放的步伐，寄托着数代中国人的情感。发生在乡村的故事无疑是血肉丰满的、震撼人心的、引起共鸣的。我们应该有这个自信能够讲好乡村故事，讲好中国故事，描绘出中国的底色，“让每一个中国人都能在地方志中找到自己的位置”。

可喜的是，越来越多的有识之士认识到了这一点，加入到保护、传承、发展村落文化的队伍中来。仅就编纂中国名村志丛书来看，第一批的申报范围就涵盖包括香港特别行政区在内的 32 个地区，申报数量高达 70 余部。“直笔著信史，彰善引风气，为当代提供资政辅治之参考，为后世留下堪存堪鉴之记述”，这是我们的初心和使命。希望中国名村志文化工程的实施，能够带动更多的人关注中国乡村文化，为社会主义文化强国建设作出更大的贡献。也希望越来越多的名村都来融入继承中华文化传统、颂扬中华传统文化的活动中，让正能量更多地润泽温暖人们的心灵，让更多的人“记得住乡愁”！

是为序。

中国社会科学院原副院长
中国地方志指导小组原常务副组长　李培林

◉ 江苏省太仓市城厢镇电站村志编纂委员会

主　　任　王义平

副 主 任　陶志强　杨　丽

委　　员　薛　芳　沈小芳　缪巧梅　翟建强　吕亚飞

学术指导　高　峰

◉ 江苏省太仓市城厢镇电站村志编辑部

主　　编　王义平

副 主 编　陶志强　杨　丽

执行主编　焦　桐

编　　辑　沈建忠　韩正林　周雅萍　叶利江　蒋姗姗　王　卉

◉ 中国名村志丛书凡例

一、以马克思列宁主义、毛泽东思想、邓小平理论、“三个代表”重要思想、科学发展观、习近平新时代中国特色社会主义思想为指导，坚持辩证唯物主义和历史唯物主义的立场、观点和方法，存真求实，全面、客观、系统记述中国名村村落发展变化进程和改革开放成果，反映小康社会建设过程，传承和抢救乡土历史文化，激发爱国爱乡情怀，留住乡愁，为服务乡村振兴战略提供历史智慧和现实借鉴。

二、为全面反映入志事物发展脉络，各志上限尽量追溯至事物发端，下限一般断至各志启动编修年份，个别重大事项可延至搁笔。详今明古，着重反映时代特色和地方特点，重点体现各村的“名”与“特”。

三、记述地域范围以下限年份的行政辖区为主。为体现名村在更大区域内的意义，可以从更开阔的区域视野记述与该村相关的内容。

四、统一采用纲目体，设类目、分目、条目三个层次。横排门类，纵述史实，述而不论。

五、综合运用述、记、志、传、图、表、录等体裁，以志体为主。体裁运用适当创新，篇目设置不求面面俱到。

六、除引用文字和附录文献资料外，统一使用规范的现代语体文记述，文字朴实、严谨、简洁、流畅、优美，可读性强。

七、人物部类遵循“生不立传”原则，人物传主按生年排序，只选录对本村发展有重大影响的人物，不面面俱到。

八、各项数据一般采用国家统计部门数据。数据缺乏的，采用主管部门或主办单位正式提供的数据。

九、数字用法、标点符号用法分别采用国家标准《出版物上数字用法》（GB / T 15835—2011）、《标点符号用法》（GB / T 15834—2011），计量单位采用国家技术监督局 1993 年 12 月发布的《量和单位》系列国家标准。历史上使用的计量单位，如斗、石、里、尺、磅、华氏度等，在引文时可照录。考虑到社会使用习惯，全书中亩不统一换算。

十、中华民国成立前的纪年，使用朝代年号纪年，括注公元年份；中华民国成立后的纪年，均使用公元纪年。志中所称“解放前（后）”，以该村解放日为界；“新中国成立前（后）”，以中华人民共和国成立日 1949 年 10 月 1 日为界；“改革开放前（后）”，以 1978 年 12 月中共十一届三中全会召开为界。本志“× × 年代”，凡未加世纪者，均指 20 世纪。

十一、为节省篇幅，避免重复，本志采用条目互见法。参见条目的表示形式为：参见本志“× × 类目 · × × 分目 · × × 条目”。

十二、对旧志、古籍中的繁体字、冷僻字一般用简化字或通用字替换，易引起误解的则保留。

十三、记述各个历史时期的党派、机构、职务、地名等，均以当时的名称为准。对频繁使用的名称，首次用全称并括注简称，其后用简称。

十四、各村志需要单独说明的事项，均在各自编后记中记述。

电站村在中国的位置

图　例

★ 北京	首都
○ 天津	省级行政中心
———未定	国界
	省、自治区、直辖市界
	特别行政区界
●	名村所在县级区域
●	名村

1∶32 000 000

审图号：GS（2021）8819 号

电站村在江苏省的位置

图 例

南京	省级行政中心
扬州	地级市行政中心
溧阳	县级行政中心
	省级界
	地级市界
	名村所在县级区域
	名村所在乡镇
	名村

1∶3 060 000

审图号：GS（2021）8819 号

电站村平面示意图

大地仓有机蔬菜区
西瓜种植区
芋艿种植区
开心农场
土地科普基地
小动物喂养体验区
高标准蔬菜基地
高标准农田区
黄桃种植区
蓝莓种植区
甜瓜种植区
采摘三园
兰文化主题园
亲子沙滩
社交厨房
房车露营地
双创基地
儿童乐园
游船码头
拥军蔬菜基地
小花农场
梨园
黄桃种植园
火龙果种植园
黄杨盆景园
采摘二园
自行车&观光车驿站
停车场
门楼
阳光草坪
葡萄种植园
乡村·港市集
电商产业园
采摘一园
节水教育基地
K歌广场
游客接待中心&村委会
清禾咖啡
帝水木屋民宿
老兵茶舫
双拥主题公园
田园新社
田园驿站
会议中心
民宿二期
花卉苗圃基地
康养中心
红酒庄园
枇杷园
桃花岛
冬枣园
农事服务中心

电站村风光（2019 年）

石汪毅　摄

亲水木屋（2019 年）　　焦桐　摄

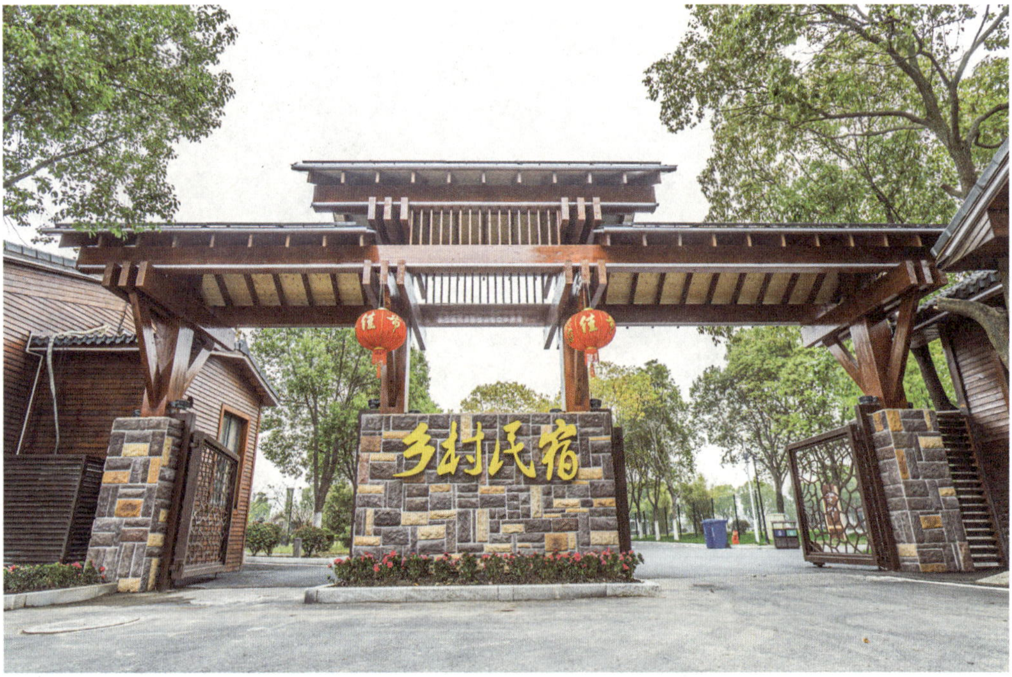

民宿大门（2020 年）

荡舟仗义泾（2019 年）　　许雅兰　摄

乡村·漫市集（2021 年）

鸡头米种植区（2017 年）　　陆骏　摄

生态养殖（2016 年）　　徐雪萍　摄

2008 年获评全国巾帼示范村

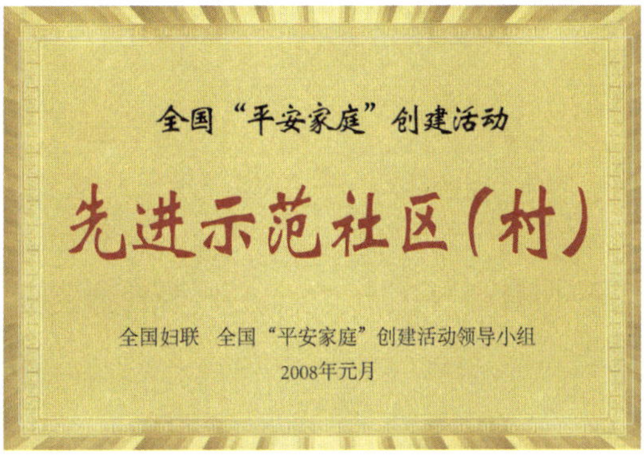

2008 年获评全国“平安家庭”创建活动先进示范社区（村）

2009 年获评全国农业旅游示范点

2011 年获评全国科普惠农兴村先进单位

2012 年获评中国特色农庄

2017 年获评中国美丽休闲乡村

中国美丽休闲乡村电站村

目录

生态电站村　温馨康庄路

电站村处于全国十强县级市太仓市的北郊，发达便利的交通、闹中取静的环境、丰富多样的物产、欣欣向荣的产业、安乐舒适的生活，使电站村成为新农村建设的标杆。

依托金仓湖旅游资源开发，经过多年培育，电站村初步形成集生态、休闲、观光、旅游于一体的生态村庄和农家乐园，先后荣获“全国农业旅游示范点”“国家级生态村”“中国特色农庄”“江苏省最具魅力休闲乡村”“苏州市十大美丽乡村”等荣誉称号。

电站村正向着中国最具魅力休闲乡村、五星级乡村旅游区的目标迈进。

太仓市城厢镇电站村位于太仓市区北端、金仓湖西延区，距市中心 9 千米，东近金仓湖，南贯新港一级公路，西毗 204 国道，北依黄金水道杨林塘。沪宜高速（苏昆太高速）从旁而过。全村路网密布，交通便利；河道纵横，水乡富庶。2019 年，辖区面积 3.2 平方千米，耕地面积 3183 亩，下设 30 个村民小组，总户数 619 户，户籍人口 2772 人，外来人口 2850 人，村集体总资产 1.8 亿元，村集体可支配收入 2145 万元，村民人均纯收入 40200 元。

全村基本形成三大板块，即果蔬休闲区、集中居住区和工业集聚区。电站村先后获得“全国农业旅游示范点”“国家级生态村”“全国科普惠农兴村先进单位”“中国特色农庄”“中国美丽休闲乡村”“全国一村一品示范村”“江苏省文明村”“江苏省勤廉文化示范点”“江苏省休闲观光农业示范村”“江苏省健康村”“江苏省最具魅力休闲乡村”“江苏省四星级乡村旅游区”“江苏省观光农业示范村”“苏州市十大美丽乡村”等

俯瞰电站村（2021 年）　　冯小英　摄

荣誉称号。从二十世纪五六十年代建成一个传统电灌站，到成为全国农业旅游和现代农业的标杆，电站村的发展路径和智慧经验具有鲜明的中国特色。

◉ 农旅融合—— 一块生态休闲的宝地

21 世纪初，电站村开始逐步有效整合全村土地资源，积极推进土地流转，实行统一经营，全村 3000 多亩耕地全部流转到村集体，利用集中的土地资源，建设生态园，将果蔬产业作为村里主要的农业产业，并在此基础上开发生态旅游。

电站村生态园（2014 年）

电站花苑全景（2021 年）　　冯小英　摄

2006 年，电站村建起太仓市第一个“生态园”。电站村生态园拥有大片平整的高产粮田，进行现代科学种植，既解决了村民的吃饭问题，优质大米、玉米等粮食作物更成为城里人青睐的主食，也为电站村赢得良好的声誉与相当不错的经济收入。

电站村生态园拥有品种众多的林果休闲种植区，主要种植各种特色林果及各类绿色有机蔬菜。2011 年，电站村组建太仓市丰沃合作联社，下设多家专业合作社与公司，既进行专业分工又联合发展。果蔬种植与休闲旅游，成为电站村生态园的主打产品与主要经济来源。

电站村依托科技支撑，通过与科研院校和农业技术部门的对接，引进果蔬新品，改良种植技术，进一步丰富林果蔬菜种植品种、保障增产增收、提高产品品质。

电站村依托品牌支撑，严格执行绿色食品规程，实行标准化生产、品牌化经营模式，打造电站产品“绿色、生态、健康”的良好形象，实现与普通农产品的差异化竞争优势。

电站村依托现代营销支撑，果蔬销售模式从传统单一销售模式走向网络销售、订购配送、合作营销等相结合的现代营销模式。

电站村依托农旅结合支撑，通过做大果蔬产业带动休闲旅游业发展，以休闲旅游业的繁荣反哺果蔬产业、服务业的发展，最终形成一条完整的产业链。

◉ 花苑康庄—— 一方造福百姓的乐土

太仓市城厢镇利用政策优势，大规模改造村民居住环境，建设了阳光美地、电站花苑等安置小区，集中安置拆迁村民。其中电站花苑占地面积近 9 万平方米，总建筑面积 21 万平方米，建有高层公寓房 23 栋 1620 套，成为村民的幸福家园。

电站安置小区通过“1+2=5”的社区管理模式，将安置小区建成一个新型农村社区。“1”是指 1 个核心，就是以党建带社建为核心；“2”是 2 个体系，即社区公共服务和社区居民自治 2 个体系。社区公共服务体系以物业公司规范管理为基础，以社区工作站贴心服务为保障；社区居民自治体系通过组建业主代表、业主委员会、楼道长、调解员、监督员、志愿者等自治组织形成阶梯式、网格式自治体系，实现良好的社会管理。“5”是 5 个目标，即通过“1+2”的努力，最终建成“居民自治、管理有序、服务完善、环境优美、文明祥和”的新型农村社区。

在高标准的起点上，过上小康生活的电站村民，专业社工服务得到极大提升，社区文化建设如火如荼。电站花苑，幼有所育，青有所立，壮有所成，老有所养；电站村民，居有所安，衣有所美，食有所鲜，行有所驶。

◉ 工业小区—— 一泓富民强村的蓄池

电站村立足生态农业，大力发展旅游业，但并不放弃工业。工业的形式，不是以村办工业为主，而是以筑巢引凤的方式进行。工业所积累的资金，主要用于促进农旅业的发展。

1998—2002 年，村办企业转制。通过优化资产组合，将村里获得的改制收益用于补偿失地村民，偿还历史欠债。

2003—2006 年，创办工业小区。电站工业小区总占地面积 800 亩，2003 年年初开始进行基础设施建设，建成三纵二横主干道，形成一条东西走向的电站“工业走廊”。小区内建有工业用房 30 万平方米，其中由村直接投资建造标准厂房 3 万多平方米。通

电站村工业小区（2014 年）

过招租引资，筑巢引凤，工业小区落户企业 85 家，主要涉及制药、电子、石英玻璃、服装纺织、机械等行业。

电站工业小区建成和发展，为村民提供了 2600 多个就业岗位，带动农村劳动力转移。2019 年，就业职工（村民）人均年收入超过 4 万元。同时，出租标准厂房和土地租赁，是电站村集体经济的稳定收入来源与重要支撑。

随着企业转型升级，电站工业小区大力提升制造品质，注重节能降耗、生态环保、绿色减排，培养自主知识产权品牌，工业小区进入良性循环发展阶段，而电站村的“资金池”也越发坚实稳固。

电站村一角（2019 年） 陆崇勇 摄

基本村情

电站村坐落于太仓市区北郊，交通发达、土地肥沃、风景优美、物产富饶，是江南鱼米之乡的典型代表。

电站村以电灌站而得名。电站村坚持改革开放，立足集体经济，走生态农业、果蔬种植、休闲旅游相结合的发展之路。在此过程中，形成居住的集中化和康庄化、村民的城镇化和保障化，村民生活水平大幅提升。

建置沿革

村名由来 1958年，电站村域内建造了当地最大的电灌站——太平站。这座电灌站作为江南水乡农田基础设施的电气化产物，是农业现代化的标志。电灌站用于附近3个大队的农业水田灌溉，调节旱涝。有了电灌站，农民不再“靠天吃饭”，可以涵养保墒，保持水土。为了铭记这个农业命脉和现代化标志，1961年新毛公社一大队拆分出十七大队时，当地群众便以“电站”作为十七大队的名字。1983年，电站大队更名为电站村。2004年，电站村与仗义村合并，仍以“电站”为村名。

辖区变迁 新石器时代晚期（距今4000～5000年），电站村域已有人类活动。

夏、商时期，电站村域属扬州。西周时地称娄邑，属吴国。战国初期，周元王三年（前473），越灭吴，属越国娄邑。战国中期，楚灭越，属楚国娄邑。秦废分封，设郡县。秦始皇二十六年（前221），改娄邑为娄县，属会稽郡。西汉初曾为荆国娄县地，后又为吴国娄县地。三国时期，仍属娄县。隋朝时，属常熟县。唐代属昆山县。宋代，属平江路昆山县。元代属昆山州。明弘治十年（1497），太仓建州，属太仓州西乡（双凤、新毛均含在内）。清雍正二年（1724），太仓升为江苏省直隶州，属太仓直隶州西乡（按旧都图制，电站村域属双凤境内十二都上三图和十三都三图）。

1912年1月，州县合并，属太仓县。1937年前，电站村域一部分属项脊乡，另一部分属永宁乡，均由双凤区管辖。1945年后，归入毛市乡，仍属双凤区管辖。

1950年，原毛市乡被分建为8个小乡，乡内各大村陆续分建为3～5个小村，8个小乡共建了81个村，各乡直属双凤区管辖，称为小乡时期。这时电站村域的一部分属翻身乡，含仗东、仗泾、新泾、冯浜、仗义5个小村；另一部分属新毛小乡，含金桥、永宁、中心3个小村及陈泾村北部。

农业合作化运动中由互助组到初级社、高级社，电站村域的一部分1954年成立永利第一初级社，1955年成立永利第一高级社；电站村域的另一部分成立北星高级社。

1956年3月，实行并区并乡，合并为新毛中乡，属太仓城区管辖。各小乡原建立的高级社和未建立高级社的初级社成为乡的基层组织，乡又在健全基层组织的基础上将全乡划为明星中心社、明星一社、明星二社、明星三社、明星四社、明星五社、明星六社、明星七社、明星八社9个高级社，称为中乡时期。这个时期，电站村域的一部分为明星二社，另一部分为明星三社，均归新毛乡。

1957 年 8 月，撤区并乡，合并建成新毛大乡，称为大乡时期。这时电站村域仍包含明星二社和明星三社。

1958 年 9 月，成立新毛人民公社，电站村域属一大队。实行军事编制，编属第一营。1959 年 4 月，从一大队中拆分出一〇大队（命名为明星大队），1961 年春再拆分出十七大队（命名为电站大队），一大队剩余部分命名为常丰大队。1982 年春又因县境内大队名称重复，常丰大队更名为仗义大队。电站村域涵盖电站大队（十七大队）和仗义大队（常丰大队）。

1983 年，电站大队更名为电站村，仗义大队更名为仗义村，均属新毛乡。1993 年，太仓撤县建市后，新毛也撤乡建镇，电站村域所属的两个大队分别更名为新毛镇电站村和新毛镇仗义村。

2000 年 7 月，新毛撤镇，并入城厢镇（并入后的原新毛镇，成为城厢镇的一个管理区）。电站村和仗义村也分别归入城厢镇。2004 年 4 月，城厢镇行政区划调整，电站村与仗义村合并，合并后的村仍以“电站”为名，直属城厢镇管理。

村民小组

电站村域的原电站大队（村）有 9 个自然村，含 12 个生产队（组），原仗义大队（村）有 17 个自然村，含 18 个生产队（组）。2004 年两个村合并以后的电站村有 26 个自然村，包含 30 个村民小组。

2010 年以后，启动农村集中居住模式，自然村落逐步消亡，至 2015 年，自然村落已无存，但村民小组依然存在。

电站村 1 组　位于电站村西部，南为东西走向的秦江门，西是南北走向的盐铁塘，原自然村落为薛家桥，16 户 62 人，土地 105 亩（村民小组的土地数据为 1983 年第一次分田时的数据，人口数据则按 2018 年股份分红发放清单统计）。

电站村 2 组　位于电站村西部，在东西走向的陈泾北岸，15 户 63 人，土地 93 亩。

电站村 3 组　位于电站村南部，东西走向的丁江门北岸，原自然村落为唐家桥，17 户 94 人，土地 139 亩。

电站村 4 组　位于电站村南部，烂泥泾与丁江门交汇处，原自然村落为烂泥泾桥，31 户 135 人，土地 145 亩。

电站村 5 组　位于新毛镇区西部、电站村的最东南，丁江门与南北走向的半泾河交汇处，原自然村落称西市梢，64 户 192 人，土地 159 亩。

该村落区域内原有明代仇銮的总兵府。明嘉靖年间（1522—1566），因南三图市和北塘市毁于兵灾，当时总兵仇銮设总兵府于此，两市居民便随之迁来，渐次成集，成为新毛镇的前身。遗址早被平整，未留下任何痕迹。

电站村 6 组 位于新毛镇区北部，电站村的东南端，西接烂泥泾，北靠秦江门，原自然村落为北塔桥，21 户 92 人，土地 96 亩。

道观高真堂原在 5 组境内，20 世纪 80 年代后期搬迁至该组。

电站村 7 组 位于电站村秦江门南岸，烂泥泾西侧，19 户 83 人，土地 92 亩。

电站村 8 组 位于电站村秦江门南岸，南北走向的大溇浜两侧，19 户 89 人，土地 132 亩。原自然村落大溇包含 7 组、8 组两个组。

电站村 9 组 位于电站村 8 组西侧，西接新开河，在秦江门南岸，原自然村落为韩家宅，21 户 97 人，土地 155 亩。

该组及 21 组有布机桥遗迹。

电站村 10 组 位于电站村南面中部，在东西走向的丁江门北岸，17 户 88 人，土地 135 亩。

电站村 11 组 位于电站村西部，西傍盐铁塘，在东西走向的陈泾南岸，14 户 70 人，土地 119 亩。原自然村落陈泾包含 2 组、10 组、11 组三个组。

电站村 12 组 位于电站村最东面，半泾河西侧，南为新港公路，路南是电站村 5 组，原自然村落为叶家宅，17 户 73 人，土地 69 亩。

电站村 13 组 位于电站村东部，半泾河西侧，秦江门在村落内分两岔流入，该河流到此即贯入半泾河，原自然村落为大张家宅，32 户 133 人，土地 176 亩。

电站村 14 组 位于电站村东端中部，东为半泾河，其南是 13 组，北接仗义泾东梢，原自然村落为蒋家桥，16 户 76 人，土地 95 亩。

电站村 15 组 位于电站村 14 组西侧、东西走向的仗义泾南岸，西傍烂泥泾，原自然村落为小张家宅，20 户 91 人，土地 126 亩。

电站村 16 组 位于电站村东北部、杨林塘南岸，原自然村落为谈家桥，20 户 79 人，土地 128 亩。

该村曾有明代右都御史李继贞墓。墓址在谈家桥南堍西首。原有华表柱、石人、石马等。墓地较大，早已荒芜。新中国成立后，挖掘出墓穴宽大、棺椁完整、尸体未腐且衣衫完好的坟墓1处。棺中有剑1柄、扇1把，可惜棺椁及墓穴上字迹未能保留。后其上开垦成农田和建造了房屋，遗迹不存。

电站村17组 位于电站村15组西侧，东靠烂泥泾，南依秦江门，北傍仗义泾，原自然村落为蒲荡，22户86人，土地141亩。

电站村18组 位于杨林塘南岸、新泾塘两侧，原自然村落为新泾塘，17户77人，土地130亩。

电站村19组 位于电站村17组之西、仗义泾之南，原自然村落为东王家宅，11户55人，土地91亩。

电站村20组 位于仗义泾之南、南北走向的新开河之东，原自然村落为西沈家宅，14户59人，土地105亩。

电站村21组 位于秦江门之北，原自然村落为秦江门，17户68人，土地124亩。

电站村22组 主要位于新开河之西，跨仗义泾两岸，原自然村落为庙桥，20户83人，土地134亩。

电站村23组 位于仗义泾之北、新开河之东，原自然村落为石家桥，14户57人，土地130亩。2017年建造的仗义泾铁索桥，南北横跨仗义泾，桥北即为该组，桥南为24组。

电站村24组 位于仗义泾之南，夹在19组、20组之间，原自然村落为大王家宅（西王家宅），16户67人，土地120亩。

电站村25组 位于电站村西部，西傍26组，在仗义泾两岸，20户81人，土地143亩。

电站村26组 位于电站村西部，东为25组，西傍盐铁塘，在仗义泾两岸，19户91人，土地131亩。原自然村落为马头墙，包含25组、26组两组。

村内原有清代中期建造的杨家大厅“马头墙”遗址，主要由东、中、西3个厅堂的山墙组成，均砌叠成观音兜，形如骏马昂首奔腾状（马头墙又称风火墙、防火墙、封火墙，是汉族传统民居建筑流派中赣派、徽派建筑的特色构件。特指高于两山墙屋面的墙垣，也就是山墙的墙顶部分，因形状酷似马头，故称“马头墙”）。相传为清乾隆时羊景尧所建。后经改建，原墙不存。

清道光时杨镎（子宇），江苏省镇洋县（属太仓市）人，同进士出身，清光绪时曾放任江西南安府道台。他曾在盐铁塘东岸该组境内建造新厅。后新厅毁于兵燹（杨镎又在直塘镇建造新宅，楼房结构，前后7进，屋宇宏伟，有“通周走马楼”之称）。

电站村27组 位于电站村西北部，西傍盐铁塘，在冯浜两岸，原自然村落为冯浜，22户97人，土地154亩。

电站村28组 位于电站村最西北，西傍盐铁塘，北靠杨林塘，在盐铁塘与杨林塘交汇处，原自然村落为王（横）泾仓场，27户106人，土地183亩。

该组所在村落得名“王泾仓场”是因为域内有王泾仓场遗址。

与王泾仓场相关联的还有王泾仓场渡口，也在该组境内。

电站村29组 位于电站村28组东侧，杨林塘南岸，原自然村落为谈家宅，16户68人，土地124亩。

电站村30组 位于电站村北端中部，北依杨林塘，原自然村落为七（戚）家村，13户60人，土地63亩。

撤并村简况 仗义村是撤并村，2004年4月并入电站村。撤并前仗义村东起半泾河（与东林村相交接），南至秦江门，西傍盐铁塘，北靠杨林塘，耕地面积2223亩。2004年并村前，全村下辖18个村民小组，434户，1503人。村委会所在地为薛家村。并村后，组别编制在电站村12个村民小组的基础上延伸为30组。

区位交通

区位 江苏省太仓市城厢镇电站村位于北纬31°、东经121°，坐落在太仓市区北郊，城厢镇的北部。东起半泾河，紧临有“城市绿肺”之称的国家水利风景区金仓湖；南至丁江门，距太仓市中心9千米；西抵盐铁塘，毗接204国道；北达杨林塘，距沙溪古镇区10千米。辖区面积3.2平方千米。

电站村东距太仓港24千米，南距上海市中心50千米，西距苏州市中心59千米，北距常熟市中心38千米。

交通 全村路网密布，交通便利。除公交车101路外，还有沪太线朝阳路直达村的免费班车，也是太仓开通的首条农业休闲旅游专线。

陆路交通的主干道，东西向是贯穿电站村南部的新港一级公路（东至太仓港，西接204国道），南北向是位于电站村西侧的204国道（南至上海，北至常熟）。另外，电站花苑东侧有东亭一级公路（南至市区，北至沙溪），电站村南端有东仓一级公路直至太仓市中心区域。

苏州绕城高速东线、苏昆太高速双凤出入口，距电站村仅两三分钟车程。

水路交通，西有盐铁塘，北有杨林塘，都可以通行百吨级的船舶。

◉ 地理环境

地貌 村域属长江三角洲冲积平原，地势平坦，自东北向西南略呈倾斜。东部为沿江平原，西部为低洼圩区。村内水系众多，河流纵横交错，无论是天然存在的河流，还是因为生产生活需求而人工开挖的沟渠，所有的河流和沟渠之间都互相沟通，互为补充，为村民生产生活带来便利。

村域内，地势起伏不大，偶见不多的稍高小土坡，其上覆盖多年生的常青翠竹等绿化植物。小土坡海拔不足 10 米，是人为营造的景观效果，在电站村生态园内较为多见。

电站村晨景（2011 年）

土壤 县农科站于 1978 年、1979 年，组织人力对包括电站村域在内的新毛公社土地进行土壤速测养分含量和所属土种调查。通过 81 次普查的 746 个样品，化验出土壤养分含量：有机质 2.38%，水解氮 56.27%，速效磷 5.73ppm，速效钾 42.28ppm，酸钙 72 级。通过剖面调查取 235 个样品，得出土种：灰底黄泥土占 76.7%，黄泥土占 8.8%，粉沙底黄泥土占 1.3%，沙底黄泥土占 2.7%，粉沙心黄泥土占 1.6%，沟干黄泥土占 0.8%，沙夹垄占 4.8%，粉沙土占 2.2%，沙心黄泥土占 0.7%，盐沙土占 0.3%。测得耕作层平均厚度 13.13 厘米，犁底层 13.21 厘米。

气候 电站村处于北纬 31°，属于亚热带气候，加上靠近长江，离海洋也近，因此整体气候属于南部湿润气候区，四季分明，气候温和，雨水充沛。历年平均气温 15.5° C，年降水量 1078 毫米，年平均日照 2000 小时左右，无霜期 226 天左右。自然条件较为优越。夏季盛行东南风，炎热多雨，在冷暖交替的 5 月、6 月，有明显的梅雨季节；冬季盛行西北风，常受北方强冷空气南下影响，气温骤降，最冷时段为 1 月下旬至 2 月上旬。

河流

杨林塘 过境河流。苏州地区主要河道之一，太仓境内东西向第三大河，西起阳澄湖，东至杨林口入长江，太仓境内全长26.35千米。杨林塘与盐铁塘交汇流经村域北部，流经村域的河段全长3100米、宽70米。

仗义泾 镇级河流。横贯电站村域（偏北部），东至半泾河，西至盐铁塘，长2722米、宽23米，是当地村民心中的“母亲河”。电站村生态园及相关旅游景点，主要沿仗义泾两岸展开。

秦江门 又称秦冈门，镇级河流。位于电站村域中部，东至半泾河，西至盐铁塘，长2782米、宽23米。在电站村与仗义村尚未合并之前，是两村的界河。

丁江门 镇级河流。位于村域南部，东至半泾河，进入新毛市镇河，西至盐铁塘，长2450米、宽17米。该河是电站村与太仓新区的界河。

东西走向的河流按从北到南顺序，还有西北部的冯浜（村级河流），长1030米、宽17米；西南部的陈泾（村级河流），长1250米、宽19米；南部的电站河（村级河流），长1710米、宽12米；紧靠新港公路的沿线河（村级河流），长1340米、宽11米。

盐铁塘 过境河流。在太仓境内纵交浏河、杨林和七浦，并穿过县城。电站村域内，南至丁江门，北至杨林塘，长1710米、宽50米，是水上运输的重要通道，也是电站村与双凤镇的界河。

半泾河 市级河流。在村域内，南至丁江门，北至杨林塘，长1380米、宽28米，是电站村与东林村的界河。

杨林塘（2019年） 焦桐 摄

秦江门（2015年）

仗义泾晨景（2019 年）

南北走向的河流按从东到西顺序，还有偏东部的烂泥泾（生产河道），长 930 米、宽 26 米；新泾塘（偏北，生产河道），长 400 米、宽 18 米；大溇浜（偏南，生产河道），长 220 米、宽 18 米；南部的唐家泾（生产河道），长 240 米、宽 16 米；偏西部的新开河（村级河流），长 1820 米、宽 15 米。

自然资源

土地资源 2018 年，全村总面积 3.2 平方千米（合 4798 亩），全村耕地总面积 3183 亩，其中粮田面积 810 亩，林果园地面积 1003 亩，蔬菜地面积 571 亩，其他面积 799 亩（含复耕的宅基地、竹园地、自留地及河坡地等）。人均耕地面积 1.24 亩。工业用地 967 亩（已用 738 亩），集中居住用地 170 亩（电站花苑 130 多亩，阳光美地近 40 亩，不含在村土地总面积里），道路面积主干道 138 亩（不含机耕土路），河塘面积 508 亩。

植物资源 树木原生的主要有榉、榆、楝、柏、杨、银杏、桑、乌桕等，引进的有水杉、泡桐、刺槐、香樟、雪松等。

竹类有燕竹、篾竹、哺鸡竹、慈孝竹等品种，大多栽于农家宅后。

花卉原生的主要有月季、蔷薇、桂花、菊花、凤仙等，引进的草本主要有水仙、兰花、芍药、鸡冠花、牵牛、一串红、太阳花、虞美人、郁金香、美人蕉、睡莲、荷花及多肉多浆的仙人掌类花卉，木本的主要有牡丹、玉兰、樱花、蜡梅、紫薇、丁香、紫藤、夹竹桃、山茶、杜鹃、茉莉、苏铁、黄杨、罗汉松等。

野生植物有芦苇、野艾蒿、蒲草、蒲公英、水葫芦、水花生、猪殃殃、割人藤、车前草、鹅肠草、马齿苋、瓦楞草、蟋蟀草、芒草、青茅、狗尾草等。

动物资源 电站村处于江南水乡平原，没有大型野生动物，只有猪獾、黄鼠狼、野兔 、刺猬、田鼠、水獭等小型哺乳类动物，喜鹊、乌鸦、麻雀、野鸡、翠鸟、野鸭、稻鸡、猫头鹰、斑鸠、黄鹂、八哥、白头翁等飞禽类动物，乌龟、甲鱼、壁虎、蝮蛇、乌梢蛇、水蛇、赤链蛇等爬行类动物，青蛙、蟾蜍等两栖类动物，蜗牛、钉螺等腹足类动物，蟋蟀、蚱蜢、蝼蛄、纺织娘、胡蜂、螳螂、蝉、蜻蜓、蚂蚁、天牛、金龟子、刺蛾、蜣螂、蝴蝶、萤火虫等昆虫类动物。

◉ 人口姓氏

人口 2019 年，全村总户数 619 户，在籍农业人口 2772 人（按 2019 年发股金人数统计，包含集中居住在电站花苑与阳光美地的在籍人口及少数零星散户，即少数非集中居住或居住在非电站村范围内的享受电站村土地股金的在籍人口）。在籍人口中居住在电站花苑的有 2008 人。

户籍人口统计，汉族占全村人口的 99.77%，少数民族有满族 2 人（1 男 1 女），回族 4 人（3 男 1 女）。男女人口比例为 47∶53。2016 年户籍人口年龄统计，20 岁以下 116 人，不到 5%，60 岁以上 1021 人，占 39%，80 岁以上 271 人，超过 10%，其中 90 岁以上 12 人。老龄化较为严重。

改革开放前，电站村极少有外来人口。改革开放后，人口流动加快，特别是自 1998 年村办企业开始转制，并进行工业小区建设后，外来人口逐渐进入电站村，且呈快速上升势头。2007 年外来人口 1500 人，到 2019 年外来人口达到 2850 人，超过村户籍人口。

姓氏 2018 年，电站村户籍人口姓氏有 100 多个，有王、张、徐、周、杨、沈、顾、唐、陆、金、陈、管、韩、李、朱、包、冯、叶、石、蔡、胡、钱、蒋、马、黄、俞、翟、高、施、陶、章、苏、孙、谈、毛、何、鲁、汤、宫、赵、汪、任、薛、潘、吴、吕、董、褚、姚、崔、邹、邵、丁、许、浦、柏、牛、肖、郭、孔、曾、闵、邱、阮、季、梁、彭、华、严、凌、宋、罗、刘、邓、邬、史、段、仓、瞿、曹、成、万、夏、宗、倪、袁、展、莫、郁、荣、缪、查、谢、盛、杜、桂、庞、阚、戈、熊、于、水、全、代、仰、武、隋等。其中王姓最多，电站花苑就有 210 人，总数超过 240 人。除王姓外，超过 100 人的姓氏有张、徐、周、杨、沈。

村域经济

基本状况 改革开放前，电站村的经济以农业为主，主要种植水稻、小麦、棉花、油菜等作物，另有少量其他经济作物种植和其他农副产品生产以及零散的禽畜养殖及内河捕捞。改革开放后，随着经济的快速发展和城市化进程的不断加快，电站村的产业结构也做出相应调整，以粮食为基本，工业为支撑，果蔬与旅游两翼齐飞成为新的格局。

粮食种植完全摈弃小农经济生产模式，由生产合作社进行大面积高效经营、机械化种植，粮食产量大幅提高，水稻平均亩产突破 500 千克，2019 年，全村水稻平均亩产 575 千克。“电站”牌大米品质优良，远近闻名。

果蔬种植和乡村旅游是电站村经济发展的基本方向与主要增长点，2006 年以后建起的电站村生态园，涵盖了电站村 2/3 的村域。生态园内果蔬种植搞绿色生态与品牌化开发，以质取胜；乡村旅游以果蔬采摘为依托，多样化发展，形成吃住玩购一条龙休闲服务，人气、信誉度、经济收入持续提高，发展潜力巨大。

21 世纪初，电站村规划建设工业小区，经过十几年开发，形成一条东西走向的电站“工业走廊”，为当地村民提供大量就业岗位。通过标准厂房出租和土地租赁，每年为电站村集体经济带来数百万元收益。

2019 年，电站村可支配收入 2145 万元，其中，工业小区物业和土地出租收入 877 万元，占 41%；经营收入（含农产品和旅游业）772 万元，占 36%；物业管理和劳务收入 496 万元，占 23%。

特色产业 2006 年，开始建设生态园林果休闲区，与休闲旅游相结合的经济作物种植取代粮食种植成为电站村农业的“当家花旦”，果蔬产业成为电站村的主要种植产业和重要经济收入。林果蔬菜生态休闲观光区规划面积3080亩（含林果、蔬菜、观光绿化、活动场所等），园内建有数百个标准大棚，主要种植“电站生态园”品牌名优水果、绿色无公害蔬菜。至2019年，生态园已形成规模效应。

2006年起，陆续建起一批生态旅游景点，同时建起配套的吃、住、行、游、购、娱等设施，以及与此相关联的软件配置、人员培训和氛围营造等。旅游业打造独具特色的种植游、采摘游、亲子游、体验游，开展各类旅游节庆活动、农家乐美食活动，吸引周边尤其是上海的游客纷纷前往，取得良好成效。特别是富有特色的“开心农场”、亲子采摘、房车露营、夏夜灯光秀等项目，最受游客喜爱。旅游业也带动了农产品的销售，包括电站大米、电站芋艿、电站翠冠梨、电站葡萄、电站甜瓜等一批名优产品热销，做到农旅深度融合，经济效益大增。

2019年，电站村农旅净收入772万元，其中旅游收入302万元，粮食果蔬等种植业收入470万元。

工业小区 改革开放前与改革开放初期，电站村域内有一些作坊式的企业，规模小，产值与利润低。

1983年后，电站村工业得到较快发展，八九十年代，村办企业的发展给村里带来了产值增长，也为村民提供了更多的就业机会。但是，这些村办企业体量较小，依附性

工业小区一角（2006年）

强，受市场影响大，有业务量但利润不高，到 90 年代后期，在全国性的转制中，基本结束了历史使命。

2002 年，电站村根据村情，决定建设工业小区，筑巢引凤，招商引资，以租赁经营为主，走出一条适合电站村村情的道路。工业小区总规划面积近千亩。2003 年，电站村工业小区开建，初期工程投资 4000 多万元，建成了三纵二横主干道路，以及配套的桥梁、管网、绿化等。投资 300 多万元，建成污水处理厂 1 座。工业小区初期工程总投资 3.5 亿元，占地面积近 400 亩，总建筑面积 12 万平方米。由于开建的工业小区处于电站村南面沿新港公路一线且呈长条状，类似于一条“庑廊”，因此人们形象地称它为“工业走廊”。

2006 年以后，又在原有基础上拓展开发，小区内各项基础设施、配套工程以及环境绿化、污水处理等全部到位，工业小区其他各种设施也不断提档改造，逐步到位。“工业走廊”完整成形，规模不断壮大，集聚效应逐渐凸显。

2019 年，工业小区用地近 960 亩，建有工业用房 30 万平方米，总投资额 7.8 亿元，直接由村集体投资建造的标准厂房 6 万多平方米，其中电站村 3 万平方米，其他村、社区 3 万平方米，实现了抱团式发展。通过招商引资，落户企业 85 家，主要涉及制药、电子、石英玻璃、纺织服装、机械等行业，16 家是高新企业，10 家是规模以上企业。2019 年，工业小区产值 13.8 亿元，利税总额近亿元。电站工业小区的建成和发展，为当地村民提供了 2600 多个就业岗位，带动了当地农村劳动力转移，提高了当地村民的收入，2019 年在工业小区就业的村民人均年收入超过 5 万元。同时，通过标准厂房出租和土地租赁，每年为电站村集体经济带来数百万元收益，成为村级集体经济发展的重要资金池。

村民生活

收入与支出 改革开放前，村民主要靠挣工分获得经济收入。20 世纪 80 年代，随着乡镇企业发展，村民陆续进入乡镇企业打工，经济收入有所提高。1981 年实行家庭联产承包责任制、1983 年分田到户改革后，村民的收入方式多样化，收入提高较快。1994 年，村民年净收入 3000 多元。2004 年，电站村与仗义村刚合并时，村级经济可支配收入 110 万元，村民人均净收入 6200 元。

芝麻开花节节高，农家生活乐陶陶（2019 年） 初爱民 摄

2010 年拆迁后，实行土地换保障政策。土地置换社保后，社保局给达到退休年龄的老人发放养老金。按年龄分段，最高（85 岁以上）每月有 1800 元的稳定收入。村民每年还有股份分红。由于病有所医，老有所养，村民身体状况良好，六七十岁的老人可以在村里继续工作，还能增加一笔收入。随着电站村的快速发展，村民收入显著提高。2019 年，村民人均年纯收入 40200 元，是 2004 年的 6.5 倍。

2004 年，电站村民消费结构食品占 1/3，居住（含家庭设备）占 1/5，交通（含交通工具）占 1/10，衣着占 1/20，文教娱乐和医疗保健占 1/5，其他占 1/10。到 2019 年，电站村民消费结构食品占 1/4，居住（含家庭设备）占 1/4，交通（含交通工具）占 1/5，衣着占 1/10，文教娱乐和医疗保健约占 1/10，其他占 1/10。恩格尔系数从 0.33 降低到 0.25，由温饱转向小康。

随着收入增加，村民的基本生活开支占比呈逐年下降趋势。大笔支出主要用于房屋装修和汽车购置等大宗消费。原先房屋建造的重大支出由于集中居住而被基本消解，装修成为大笔支出。而用于穿着打扮、教育文体、娱乐旅游、保健养生等方面的消费日益提高，村民的生活质量已从物质型向精神型过渡。

衣食住行

服饰 衣着款式多样化、成衣化，注重服装美观新颖、时尚个性。缝缝补补的日子一去不返，20 世纪曾经必备的三大件之一的缝纫机在农家基本退出历史舞台。开始注重形象修饰，购买首饰、使用化妆品成为新消费点。

饮食 从吃饱向吃好发展，“食不厌精，脍不厌细”，粮食消费在整个食品消费中的占比不断降低，副食品的消费大幅上升。据粗略统计，2019 年，成年电站村民日均主粮消费从 2004 年的 450 克降低到 350 克（电站村食堂，中午就餐人数 140 人，米饭消费 17.5 千克，人均 125 克），而肉蛋鱼禽和蔬菜的消费则上升 30%。健康饮食成为新理念。

住房 2010 年前，电站村民的住房都是散住的农村住宅，两层楼房居多，也有部分村民仍住在平房，少数村民居住在自造的别墅式楼房。人均住房面积约 50 平方米。住房的环境卫生水平相对较低，尤其是卫生设备，如抽水马桶、浴缸等尚未普及。灶具为老式大灶和新式罐装液化气灶兼备。2010 年启动集中居住模式后，电站村民住进高层或多层现代公寓楼房。村民一般分得两套或三套住房，人均住房面积约 70 平方米。管道天然气入户，卫生设施一应俱全。室内装修现代化、高档化，家具舒适化，电器智能化。

出行 2000 年后，村里少数私营企业主有了私家车。2010 年后，私人汽车数量增长明显。据不完全统计，2019 年，电站村的汽车户均持有量超过 1 辆。基本家家都有轿车，人手一车也不鲜见。出差、探亲、旅游，乘坐豪华大巴、动车高铁，坐飞机已不是稀奇事。电瓶车完全普及化。公交车已深入乡村小区。

电站花苑装修现代化的居室（2020 年）

电站花苑地下车库（2019 年）

社会保障 2010 年起，随着村民集中居住和城乡一体化推进，电站村实行村民养老保险保障制度，具体缴纳办法按照《太仓市农村社会养老保险暂行办法实施细则》实施。养老保险参保率 100%。

2010 年起，电站村建起较完善的医疗保险制度。医疗保险涉及合作医疗、大病风险基金、农村居民医疗保险 3 方面。医疗保险参保率 100%。

2010 年起，电站村系统实行土地补偿、房屋拆迁补偿等以土地换保障政策。通过拆迁时土地的征用获得政策上的支持，成为电站村的重要保障方式。

2010 年起，电站村实行退休人员社会化管理，弱势群体生活和医疗得到有效保障，同时对相对贫困家庭实行就业倾斜和扶贫优惠。

◉ 村级组织

村党组织 2004 年 4 月，电站、仪义两村合并为电站村，同年 11 月，选举成立电站村党委，党委下设电站老年党支部、城厢镇电站农副业党支部、电站村工商党支部。2009 年 7 月，因“党建 + 经济建设”的发展需要，建立电站生态园产销专业合作社党支部，撤销电站村工商党支部，建立太仓市香莱食品有限公司党支部、阳光美地电站安置小区党支部。2015 年 6 月，撤销电站老年党支部、电站农副业党支部、太仓市香莱食品有限公司党支部，保留阳光美地电站安置小区党支部、电站生态园产销专业合作社党支部，在电站花苑按楼道划分建立电站花苑第一党支部、电站花苑第二党支部、电站花苑第三党支部、电站花苑第四党支部。2019 年，产销专业合作社党支部改名为丰沃合作联社党支部。

2019 年，电站村党委设书记 1 名，副书记 2 名，委员 4 名。下设 6 个支部，分别为电站花苑第一党支部、电站花苑第二党支部、电站花苑第三党支部、电站花苑第四党支部、阳光美地党支部、丰沃合作联社党支部。共有党员 128 名。

电站村党委始终坚持党建引领乡村振兴，紧紧围绕“发展好经济、服务好民生、建设好队伍”这一中心工作，创建“三网聚能、红色家园”党建品牌，组建“凝心网发展、暖心网服务、廉心网治理”三支先锋团队，构建三级网络体系，充分发挥党员干部的先锋模范作用和党组织的战斗堡垒作用，走出一条以农文旅融合增强产业结构的特色发展之路，全面打造现代田园乡村。

村行政组织　2004 年 4 月，电站、仗义两村合并为电站村，村委会设主任 1 名、副主任 1 名、村会计 1 名。

2019 年，电站村委会设主任 1 名、副主任 2 名、委员 2 名。另有妇联主任 1 名、共青团书记 1 名、民兵营长 1 名。

丝网织景华，丰收有保障（2019年） 刘明 摄

乡村建设

电站村根据实际情况，确立“富民、强村、生态、文明、和谐”的目标，把乡村建设看作改天换地、移风易俗的大事来抓。进行大规模的土地改造与环境的整治，建设好生态园，建造好村民苑，修筑好道路和桥梁，甚至建一座厕所，设一个垃圾箱，都做到能发动、肯投入，且以村民观念的改变与良好习惯的养成为推动，真抓实干，落实到位。

◉ 基础设施

道路桥梁

电站村和仗义村合并前，村级道路仅有一部分是水泥路，大部分还是泥土路或砂石路。2004年两村合并后，村内道路等交通设施迅速改善，至2010年，投入资金487万元，铺设村级水泥路6.5万平方米，基本达到户户通。农村公路的发展，改善了农村运输条件和投资环境，促进了农村的生产发展，也加快了农村的城镇化进程。2010年后，开始推行城乡一体化项目，在大拆迁的过程中，随着土地的平整化、连片化和规模化，电站村的村级道路也相应拓直拓宽，并且全部硬化为水泥路和沥青混凝土路，能通汽车和拖拉机。村级道路已经形成网状格局，四通八达，畅通无阻。

2019年，村内东西向道路由北往南依次为：大地仓路、北仗义泾路、南仗义泾路、电站生态路、果香路、北秦江门路、南秦江门路、益民路和惠民路；南北向道路由西往东依次是：马头墙路、荷塘路、陈泾桥路、庙桥路、电站工业路、电站中心路、拥军路、洋漕桥路、兴钢路、新民路（毛谈路）。其中，电站生态路、电站中心路是村域内两条最主要的道路。

电站生态路 电站生态园内最重要的东西向道路，东起毛谈路，西至马头墙路，长近2300米，宽8米，电站生态路西是水泥路，电站生态路东是沥青混凝土路。生态园内的主要景点和林果种植园，多数集中在这条路的两侧。生态路东端，2020年建起东门楼，取代南门楼，成为进入电站村的正门。

电站中心路 电站生态园内最重要的南北向道路，南起新港路北到大地仓路，长1000余米，宽8米，秦江门南为沥青混凝土路，秦江门北为水泥路，是联结电站工业小区和电站生态园的主要道路，也是进入电站生态园的主要道路。

电站中心路（2019年） 焦桐 摄

桥梁方面。2004年，电站村与仗义村合并后，电站村筹措158万元，重建和维修大小桥梁13座。之后在道路建设过程中，逐年

仗义泾上的西石家桥（2010 年）

对桥梁进行维修或改造、拓宽或加固。

村内主要桥梁有西石家桥、冯浜一号桥、冯浜二号桥、新开河桥、烂泥泾桥、电站东桥、新泾塘桥、庙桥、新开河 5 号桥等。2019 年，投资 100 万元，横跨秦江门贯通电站中心路的新桥（李家桥）落成。

邮政通信

邮政电信　新中国成立前，电站村没有电话，打电话必须到镇邮电局。新中国成立后，邮电通信事业快速发展，特别是改革开放以后，送信到村里，电话安装到户。1999 年底，电站村每百人拥有电话 20.3 部，70% 以上的家庭拥有电话。进入 21 世纪，固定电话基本普及，手机拥有量迅速提升。截至 2018 年，电站村除少数老年人及小学生，基本达到人手一机甚至有的人有几部手机，座机数量呈下降趋势。信件则呈快递化，直接送达到户或由村里代转，快速方便。

信息网络　2000 年前，只有少数接近镇区的家庭购买电脑，但尚未实现联网。进入 21 世纪，宽带网络逐渐普及。2010 年，全村拥有电脑的家庭 300 余户，联网 300 余户。

2018 年，85% 以上的家庭实现宽带入户。

2015 年，电站村委会提出建设生态园无线覆盖要求，通过前期勘测预算，确定在园区内布置 6 个无线 AP 点来实现生态园内 Wi-Fi 覆盖。2018 年，基本实现电站农庄、房车基地、旅游公司、咖啡屋等旅游景点的无线覆盖。电站村微信公众号获评太仓市优秀政务微信公众号。

公用设施

供电 根据《太仓县志》记载，新中国成立前电站村所在的区域内就有架设供电线路的记录。1958 年，村内修建了当时远近闻名的大型电灌站，村内生活与生产用电得到保障，但供电质量相对较差，时有断电，村民大多还离不开蜡烛和煤油灯。改革开放后，村内供电质量逐步提升，用电家庭数量迅速增多。1999 年，电网改造全面铺开。2010 年，城乡一体化项目之后，村民住进安置小区，村内供电不再有问题。

供（排）水 新中国成立前，村民用水基本依靠井水和河水。改革开放后，电站村渐渐开始自来水入户，至 1999 年年底，自来水入户率达 100%。排水方面，2000 年前，居民生活污水的排放较随意，大多为直接排放。其后对农户排水管道进行二次提档改造并建造公共厕所，2006 年，又在此前二次提档改造的基础上，对农村的生活污水进行多种形式的净化处理。2010 年后，电站村开始动迁，村民住进安置小区，长期困扰电站村的排水问题得到根本解决。

现代化的电灌站（2019 年） 焦桐 摄

自动化排涝泵（2019 年） 焦桐 摄

供气 1977 年，新毛乡设立沼气办公室并在各大队（村）推广建设沼气池。改革开放后，电站村靠近镇区的住户大多改用罐装液化气，至 1999 年，使用气化燃料的家庭占比达 90%，但村内部分老年住户还是惯用薪柴或石化燃料和生物燃料并用。2010 年后，新建的安置小区全部埋设天然气管道，电站村实现天然气完全入户。

农田水利 2010 年前，电站村内没有相对较大的水利工程建设。2012 年，电站村提出建设高标准农田后，村内的水利设施得到较快发展。

2012 年，电站村利用中央财政小型农田水利重点项目和农业设施项目的投入，疏浚 4 条河道，分别为仗义泾、烂泥泾、新开河、冯浜河。同时开挖新开河北段（29 组域内），新建成冯浜一号桥 1 座。

2012—2013 年，为对村北片土地实施高标准农田建设，在村内配套大范围水利建设项目，新建 80 厘米钢筋水泥管暗渠 941 米，80 厘米 ×75 厘米水泥明渠 4766 米，100 厘米 ×100 厘米水泥明渠 1974 米，土洋槽 9638 米，90 厘米 ×90 厘米阴井 88 座，暗渠阴井 11 座，45 厘米水泥过路管及排水水泥管 1231 米，60 厘米水泥过路管及进排水水泥管 100 米，45 厘米出水口 62 处，23 厘米进出水口闸 517 个，23 厘米排水水泥管 167 个。配以小农水改造，采用自动化程度较高的水泵，有效解决排涝问题。

2014—2015 年，利用省土地整改项目对村北片土地进行改造。建设水泥明渠 4000 多米，暗渠 1000 多米。上述工程保障了村内高标准农田的灌溉和排涝，实现了现代化的绿色有机生产模式。2016—2019 年，对村重点水利设施进行全面维护整治，水利工程运转良好。

住房建设

电站村民世世代代居住在一家一户式的自然村落，几间平房，前有小块场地，后有竹园河池，是村民住房的基本格局。二十世纪七八十年代兴起建楼热潮，但大多是兵营式的二上二下或三上三下的两层楼房。到了 90 年代，先富起来的部分村民开始建设别墅式的楼房，居住条件大为改善。2010 年，电站村启动城乡一体化系统工程，根据村情，采取集中居住模式，建设安置小区，村民的居住环境跃上一个新的台阶。

阳光美地小区 城厢镇开发地块统一建设的住宅小区，其中一部分是商品房，一部分是拆迁安置房。阳光美地小区位于城厢镇的伟阳社区，原伟阳村域内，204 国道和 339 省道夹角区西南，东为方园路，南是东古路，西为通海路，北近弇山西路。阳光美地小区共建房屋 16 幢，452 套，主房建筑面积 4.72 万平方米。其中小高层房 3 幢，200 套，主房建筑面积 2.12 万平方米；多层房 13 幢，252 套，主房建筑面积 2.6 万平方米。另有储藏室 458 间（地面 308 间，地下 150 间）、汽车库 156 间、地下停车位 144 个。小部分电站村村民被安置入阳光美地小区。初始拿房有 200 余套，后来部分村民搬回电站花苑小区后，住在阳光美地的电站村民约 100 户。

阳光美地小区（2019 年）　　焦桐　摄

电站花苑小区（2019 年）　　黄晖 摄

电站花苑小区　位于电站村以东约 2 千米，东依太沙公路（东亭路），南为苏昆太高速，西临新毛市镇，北是新港公路。小区占地面积 8.95 万平方米，总建筑面积 20.89 万平方米（包含地下车库 1.88 万平方米），公共绿化面积 3.13 万平方米，绿地率 35%。2010 年 9 月启动，2011 年 7 月开工建造，2013 年 9 月竣工交付使用。共有 23 幢单体建筑，其中 11 层的 6 幢，其余均为 18 层，共计 43 个单元，1620 套，有 64、83、102、106、115、142、235 平方米 7 种户型。主要用于安置电站村及东林村、万丰村的拆迁农户。至 2019 年，电站花苑已入住 1380 多套，其中电站村村民约占 80%。

环境卫生

河道整治保洁　江南雨水多，农村河道容易因泥沙污水入河而淤塞，河道清理需要常年进行。电站村几乎每年都会对河道进行清理。较大规模的清理有 1999 年对村域内的新开河、电站河进行清障、冲淤、疏浚工作，对倒虹吸、主干暗渠进行整修。2007 年后，电站村在抓好农村生活污水净化试点示范工程的同时，抓好农村生活污水和环境综合治理工作，重点抓好全村河道的疏浚工作，共疏浚河道 5 条，打通断头河 1 条，拓宽新开河（27 组域内）。

电站村对全村的河道实行长效保洁，村党委书记、村委会主任任河道长，村干部各负责一条河流的治理与保洁，制定《电站村河道保洁制度》，组织专职河道保洁员队伍，有专职河道长效保洁员 6 名。

2017 年，电站村域仗义泾、秦江门分获苏州市河道养护管理标准化示范河道。2019 年，电站村河道整治保洁向精细化和长效化发展。全村河道、主干道实现全覆盖长效保洁。

污水处理　改革开放前，生活污水大多排向路边、河流和池塘，村民生活环境较差。改革开放后，电站村办企业发展迅速，但工业污水大多排向附近河流，一直到 2006 年工业小区建成前。

2003 年，开发建立村工业小区后，企业污水排放逐渐增多，排污问题凸现。2006 年，投入近 300 万元建造日处理 800 吨的村级污水处理站。工业小区企业的污水全部进入污水处理站，工业小区周边组的村民生活污水也接入污水处理站进行处理。

在村民的生活污水处理方面，电站村在早先的农户二次提档改造和建造公共厕所的基础上，对农村生活污水进行多种形式的净化处理。第一种是分散式农村生活污水（湿地）处理，第二种是采用 SBR 法（指在同一反应池中，按时间顺序由进水、曝气、沉淀、排水和待机 5 个基本工序组成的活性污泥污水处理方法）农村生活污水集中式处

河道清洁（2019 年）　　杨海平　摄

理，第三种是采用SBR法农村生活污水分散式处理。这几种污水处理方法，因地制宜。2008年，经太仓市环境监测站7月、11月两次检测，监测期间排放的生活污水中酸碱度、化学需氧量、氨氮、总磷、总氮5项指标达到《城镇污水处理厂污染物排放标准》（GB 18918—2002）一级B标准。

2010年，生活污水实现集中化处理。在农村污水管网建设时，把集中居住点和规划保留点的生活污水全部纳入集中处理范围。对原有家庭小型生活污水处理设施进行维修以确保正常运转。2013年后，集中居住基本到位，污水处理得到根本解决。

厕所改造 1999年，电站村的卫生户厕普及率在91%以上，村公厕、垃圾箱（站）达标率80%，位列全镇各村前茅。2004年，全村投入60万元改厕费，对绝大部分农户进行第一次室外改厕，并采用水泥三格式化粪池处理。2007年，对农户厕所进行二次提档改造，即从室外的厕所改建到室内卫生厕所，每户补助改厕费1700元。外面水泥三格式化粪池统一改为砖砌灰沙粉刷三格式化粪池，中间采用PVC 45°斜管下翻水，确保粪便的三格厌氧、净化。90%以上的农户完成改厕。

2009年，电站村在市水利局、镇水利站大力支持下，为农户建造四格式生态厕所。四格式生态厕所是由厕屋、三格式化粪池和人工湿地组合而成的整体，是在三格式无害化卫生厕所基础上进一步完善和改进。出水水质经太仓市环境监测站检测达到排放基本标准。

2012年，鉴于电站村属城郊村的地理位置和外来打工人员多以及游客渐多的情况，投入50多万元在全村范围内建造30座公共厕所，并配备专职长效保洁员。同时，建立较严格的电站村厕所卫生管理制度，规定所有公厕的卫生规范以及考评标准。2019年，电站生态园的厕所均达到三星级标准。

垃圾处理

日常保洁 电站村属于城郊村，部分村域接近市镇，环境卫生大多与镇环卫所挂钩，村内垃圾处理做得不错。90年代末，电站村垃圾箱（站）合格率在90%以上。

2012年，电站村组建保洁公司，共有37名员工，其中1名专职人员负责日常工作，抓管理、督查、考核。保洁公司下设6支队伍，路面保洁人员13名，河道长效保洁人员6名，绿化管理人员7名，拖拉机装运人员6名，公厕管理人员2名，垃圾清运人员1名，培训中心、文体活动中心保洁人员1名。保洁、绿化人员分工明确，各司其职，落实保洁任务，严格保洁标准，实行百分考核，并与报酬挂钩。与此同时，全村还配置

垃圾处理（2019 年）

垃圾处理站（2019 年）

大塑料垃圾箱 300 只。

2015—2018 年，全村加强对违法建设、乱堆放、工业污染源等影响农村环境的苗头性问题的整治。对外来建筑垃圾采取果断行动，动用挖掘机等机械设备进行清除。整治养殖场，推广养殖废弃物无害化处理。完善夏秋两季禁止秸秆焚烧日常监管工作。2019 年，村生活垃圾清运率及无害化处理率 100%。

垃圾分类 电站村是太仓市第一个实行垃圾分类的村。2013 年 9 月，电站花苑小区竣工交付使用。小区建有 12 个垃圾分类用房，实行垃圾分类管理，实现垃圾定点日产日清。村内日常保洁有序，道路整洁，无积水，无脏乱。另外，小区建有 1094 间储藏室，方便业主存储物品，避免乱堆放。每户配置家用塑料保洁箱 1 只。

2018 年，电站花苑在环境卫生和垃圾处理中实行二维码积分考核。电站村是太仓市首批实行垃圾二维码积分考核的村之一。积分考核与电站村的文明评比挂钩。同时，在网络体系上，上挂镇数字环卫平台，通过视频监控、网格巡查员动态更新建立数据库，进一步完善农村生活垃圾收运、分类、处置体系。

生态绿化 2007 年，电站村投入 360 万元对生态园周围及河坡高标准绿化，同时对 21、22 组域内新开河低洼地进行河坡改造，种上水生植物，使其成为景观河道。对石河、谈家桥南侧、冯浜 2 号桥南侧、14 组烂泥泾东侧进行填土、平整及复耕。在仗义泾两岸、新泾河两岸进行景观绿化。

2012 年，电站村就工业小区、新开湖、盐铁塘南段绿化养护工作与镇政府签订协议，实行季度考核，绿化养护费与考核分数挂钩。同年，投资近 30 万元对秦江门南、工业小区北侧（电站中心路至盐铁塘沿线）的河坡进行景观绿化改造。投资 50 多万元将 26 组西南的盐铁塘东河岸改造成为观光河坡。

2019 年，全村林木绿化总面积（含林果绿化，不含草坪和其他植被）1309 亩，林木绿化率 27%。集中居住小区（阳光美地、电站花苑）的绿化覆盖率超过 40%。绿化养护面积，草坪 12.4 万平方米、绿篱色块 6.47 万平方米、树园 7.23 万平方米，总计 26.1 万平方米。

田园劳务专业合作社　2007 年 5 月，成立利民劳务合作社，吸纳村民 50 多人，主要负责卫生保洁、河道疏浚、绿化养护等业务。集中居住后，增加了小区保安业务。

2013 年 5 月 7 日，在利民劳务合作社的基础上，成立太仓市田园劳务专业合作社，组织农村剩余劳动力从事农业生产经营服务及有关的劳动服务，包括绿色养护、物业管理、环境整治、河道保洁、道路保洁、家政服务等。吸纳失地村民近 200 人。开始时，业务范围主要集中在电站生态园、电站花苑安置小区和金仓湖小学，后逐步拓展业务范围和业务品种。2018 年后，田园劳务专业合作社的业务已不局限于电站村域，也对外承接绿化种植、绿化养护、环境保洁等项目。

田园文化广场（2017 年）

荷池绿树（2019 年）　　焦桐　摄

生态农业

电站村农业以传统的农作物种植为主，主打产品是稻麦等粮食作物和棉花、油菜等经济作物。2004年后，电站村投入大量土地到果蔬种植、旅游开发上，但仍保留800多亩粮食作物种植区域，成为电站村生态种植的有机部分。

随着城市化的发展，电站村因地制宜，发挥城市近郊位置优越、自然环境好的特点，把生态种植与休闲旅游结合起来，即搞带有电站村自身特点的与旅游相结合的果蔬种植以及粮食种植的特色生态农业。

◉ 生态种植

特色果蔬种植 2006年，建立电站村生态园，打造电站村林果休闲区，把特色种植与休闲旅游有机结合，既收种植之实，又达旅游之效。林果休闲区主要种植当地改良的优质品种黄桃、蜜梨（翠冠梨）、玉茹甜瓜、红玉西瓜，引进培育的优质葡萄、火龙果、猕猴桃、蓝莓、草莓等特色瓜果及以新毛芋艿为代表的特色蔬菜。这些果蔬，有木本的、藤本的、草本的，高低错落，形成立体格局。其间杂以湖河，建以景点，打造多种休闲娱乐设施，再加上住宿餐饮、活动场所，通过举办各式节庆活动、专题活动，开展生态游、休闲游、娱乐游、主题游、购物游，吸引周边城市特别是上海市游客到此旅游。

玉茹甜瓜生产大棚（2015年）

翠冠梨（2017年）

火龙果生产温室大棚（2016年） 焦桐 摄

新毛芋艿（2018 年）

毛板青（2019 年）

毛豆吉（2019 年）

2011 年，电站村规划了“一区五园”。一区，即生态旅游景区，以生态园农产品产销中心为核心，辐射四周。五园，即 90 亩葡萄园、70 亩枇杷园、150 亩香梨园、130 亩果蔬园、200 亩蜜桃园。实际种植有所调整，后来又增加一些其他果园，但是基本规划与思路一直延续未变。

2016 年，电站村不断优化品种，丰富产品种类。年初引进 20 亩蓝莓试种成功，并且第一年种植已有少量挂果，销售价每千克 160 元，采摘价达到每千克 200 元。对部分果树的品种进行调整，淘汰部分不适应市场消费需求、产出低、效益低的品种，更换成优质高效益品种。采用原地控根器栽培方式种植，解决葡萄重茬问题。

2017 年，电站村引进优质农产品（鸡头米、水芹、荸荠、慈姑）种植户 1 家和花卉园艺种植户 2 家，提高种植档次，以更好地配合村农业旅游的发展。还引进手剥橙、软枣猕猴桃、冬桃等优质林果品种。成功种植日本南瓜和迷你南瓜 30 多亩，采用吊蔓式种植方式，种植出来的南瓜外观佳、质量优，受到游客和消费者的欢迎。

2018 年，生态园有各种钢管大棚近 400 个（包括单体棚、联栋棚），面积 13.7 万平方米，主要种植葡萄、火龙果、红玉西瓜、玉茹甜瓜、草莓等特色水果以及各类无公害绿色农产品。露天种植的主要有翠冠梨、黄桃、枇杷、蓝莓、猕猴桃、樱桃等水果，蔬菜类主要有以新毛芋艿为代表的“三毛”（毛芋艿、毛板青、毛豆吉）及其他绿色有机蔬菜。林果面积近 1100 亩，蔬菜面积近 600 亩，合计 1700 亩，占全部耕地面积近 60%。

2019 年，种植面积基本没有变化，种植品种增加了桑葚。

粮食种植 电站村以特色果蔬种植为主体，但并不放弃粮食种植这个农业的根本，并且在粮食种植上走规模经营与现代种植的道路，取得良好成效。

2012 年起，电站村投入大量土地到林果种植、设施建设，但仍保留 800 多亩粮食作物种植区域。电站村对耕地实施高标准农田建设。村里设立田展农场专业合作社对这部分农田进行管理，其中大块土地（520 亩）通过承包给大农户组成合作农场的方式开展规模化经营、机械化种植，保证村里粮食生产和供应，小块不规整地块和边角地（280 亩）则由村里安排村民种植。

合作农场实行“农场抓总责、分农场负责制”的经营模式，下设若干个分农场，实行“五定、五统”的奖赔盈亏、风险抵押的生产经营管理责任制。“五定”即定任务、定成本、定产量、定报酬、定奖赔;“五统”即统一供种、统一农技指导、统一排灌、统一合作社出资、统一指定售粮部门。

800 亩粮食种植土地每年种植水稻、小麦各一季。专业合作社对种植情况一季一查，种植开始前为农户规定每亩上缴的粮食数量（如 2016 年每亩上缴 450 千克稻谷）。不同于承包制度，村里聘请这些农户是为了管理耕地，所用的种子、农药、化肥等均由村统一购买和负责。1 亩地每季农药肥料随年份有所不同，人工费也有增无减，由于一年两季，主要种植水稻和小麦，因此合作社与农户的合同也是一年两签。这些耕地由村里给予一定金额补贴，其他费用由农户自己承担。

管理制度而不是承包制度的实行，使得土地使用的主动权牢牢掌握在集体手里，同时也发挥大农户的生产积极性，既为土地开发使用降低风险成本，也为全村产生较好经济效益。

机械化收割（2019 年）　　　　顾轶英　摄

电站村生产的粮食用于食用、储存、售卖。电站村现代农业的发展，提高了粮食作物种植产量，水稻亩产超过 500 千克，小麦亩产超过 300 千克。2019 年，800 亩耕地，年产小麦20多万千克、水稻40多万千克。电站大米采用优质水稻品种南粳46生态种植。电站生态园牌大米，口感香糯，远近闻名。

◉ 生态养殖

水产养殖 村域河网交织，水产丰富。经济水产类主要有鲢鱼、鳙鱼、青鱼、草鱼、鲫鱼、鳊鱼、河鳗、黄鳝、河虾、河蟹、河蚌、螺蛳等。村内河塘里自然放养的鱼类，以本土的鲫鱼、草鱼、白鱼、青鱼为主，年产量约 2500 千克。另有垂钓中心，水面面积近 40 亩，建有标准的垂钓鱼塘 4 个，养殖鱼类以本土的鲫鱼、草鱼、白鱼、青鱼为主，定期举办垂钓比赛，平时用于游客垂钓体验，年产量约 7500 千克。鱼类基本不出售，主要供应旅游餐饮。

禽畜养殖 禽畜养殖主要有鸡、鸭、鹅等家禽和猪、羊、牛等家畜。养殖规模不大。

桃花岛，面积 40 多亩，原是一片低洼地，后经改造成四面环水的小岛，岛上种植果树，以桃树为主，故命名为桃花岛。桃树下散养鸡、鸭、鹅等家禽，年出栏量累计在 3000 只左右，用原生态方式养殖，用杂草、虫子为食，辅助小麦、玉米等杂粮，主要用于游客选购、园区农庄饭店加工。

桃花岛（2014 年）

◉ 品牌建设

村院合作 品牌建设离不开种植领域的科技支撑。优质产品需要科学种植、科学管理。电站村在农科院、各大专院校、各级农业部门的支持和帮助下，开展农业科学研究和科技合作，不断改良果蔬种植技术，改进病虫害防治技术，引进和推广新品种，使得特色种植不断获得创新动力。

传帮带（2020 年）

实验室育苗（2015 年）

2011 年 6 月，江苏省农科院农技专家到电站村生态园现场调研考察。2012 年，电站村与省农科院签订技术指导、引进新品种等合作协议，成为省农科院种植实践基地。在省农科院的指导下，将地方特色农产品新毛芋艿进行脱毒组培、提高品质。2014 年 7 月，健雄职业技术学院在电站村开设农业科技种植实践工作室，研究和指导生态种植。同年 8 月，电站村与大地仓有限公司签约，联合研发有机蔬菜种植。2015 年，电站村与省农科院园艺所及苏州农业职业技术学院合作，改变梨树的栽培方式。还与科研部门合作研发火龙果、猕猴桃、枇杷、无花果、无公害水稻的种植方式并在电站村推广种植。2016 年，在苏州农业职业技术学院老师的指导下，引进生物防治技术，用以虫治虫、以菌治虫、昆虫激素治虫、色板诱杀等生物绿色防控技术减少果园农药的使用。2017 年，聘请山东寿光蔬菜种植专家，做好做强拥军蔬菜基地种植。2018—2019 年，全面推进水果与蔬菜的有机种植，绿色品牌产品基本不用农药。

加工包装 品牌建设离不开销售领域产品的深加工与精包装。2009 年 6 月农产品产销专业合作社与苏州硒谷有限公司合作，共同研究开发"富硒农产品"。2009 年年底，与江南大学食品科学与技术国家重点实验室签订农产品深加工技术、新产品开发协议，投资 100 多万元增建 1 条农产品深加工流水线，把传统的农产品通过科学的工艺方法处理加工成美味可口、老少皆宜、便于携带的即食类旅游休闲食品。2010 年后，芋艿、毛豆、蚕豆等蔬菜熟食包装与爊鸡、酱鸭、肉松骨头等荤菜熟食包装相继推出，形成荤素搭配的多种礼盒，满足了进军超市的需求。与大润发上海总部等大超市达成农超对接协议，使本地的农产品从生产种植到销售，逐步从粗加工延伸至深加工，形成农产品产业链，提高农产品附加值。与上海理工大学品牌营销研究中心签订团队培训、形象包装、营销策划协议，进一步打造电站村农产品品牌形象，提升品牌效应，走战略化品牌之路。

绿色品牌

为保证林果蔬菜的经济效益，在农产品市场竞争越来越激烈的情况下，电站村着重在品质上和品牌上做文章。一方面聘请高校与相关科研机构研究改良传统品种，以保证瓜果蔬菜品质优良，无污染、口味好、营养丰富。另一方面打造绿色品牌，申报的绿色食品芋艿、蜜梨（翠冠梨）、西瓜、香瓜、葡萄相继通过国家 A 级认证。还有不少产品被授予各种荣誉称号。

“电站生态园”商标

“电站生态园”商标 2008 年 4 月 10 日，成立太仓市电站生态园农产品产销专业合作社（简称农产品产销专业合作社），开始电站村果蔬基地品种和品牌建设的新阶段。

2009 年 9 月，电站村创立“电站生态园”商标并注册成功。2014 年“电站生态园”商标获评苏州市知名品牌。电站村还注册了另一个商标“田展笙”。

绿色认证产品 5 个绿色认证产品芋艿、西瓜、甜瓜、蜜梨、葡萄，带动一批绿色优质农产品，包括电站大米、电站糯玉米、电站草鸡蛋、电站黄桃、电站枇杷、电站猕猴桃、电站草莓、电站蓝莓、电站火龙果、电站樱桃、电站鸡头米等，走出太仓，走向更加广阔的市场。

2012 年 8 月，电站翠冠梨、夏黑葡萄在苏州市第六届地产优质果品评比活动中被评为金奖。2014 年 7 月，电站夏黑葡萄在 2014 年中国南方“中山杯”葡萄评比中荣获金奖。2015 年 2 月，电站生态园葡萄获评“首届江苏消费者最喜爱的绿色食品”称号。2015 年 10 月，电站生态园的新毛芋艿、西瓜、甜瓜被中国绿色食品发展中心认定为绿色食品 A 级产品，许可使用绿色食品标志。2015 年 12 月，“电站生态园”牌新毛芋艿获第九届江苏省农民合作社产品展销会畅销产品奖。2016 年 3 月，电站蜜梨被中国绿色食品发展中心认定为绿色食品 A 级产品，许可使用绿色食品标志。2016 年，电站“田展笙”牌翠冠梨入选 2016 年度江苏省 10 家电商农民合作社 10 个网络畅销产品品牌。2017 年，玉米、金花菜、蚕豆申请无公害产品认证；完成葡萄绿色食品认证的续展工作和新毛芋艿的质量追溯码；电站村“新毛芋艿”获得首届“江苏好芋头”金奖。2017 年 12 月，优质电站村葡萄被中国绿色食品发展中心认定为绿色食品 A 级产品，许可使用绿色食品标志。2018 年，翠冠梨获评中国一村一品优质农产品。

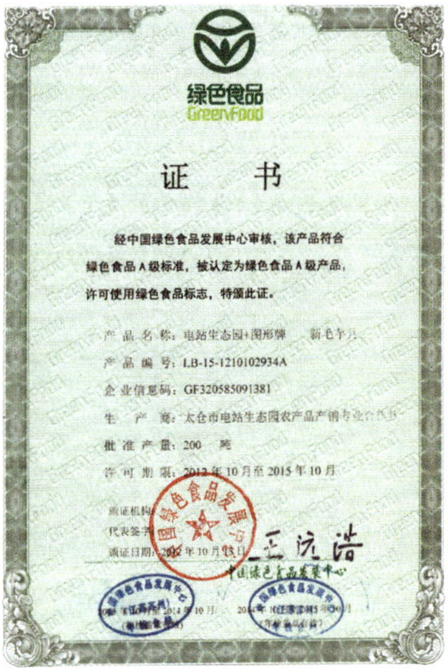
绿色食品
GreenFood

证　书

经中国绿色食品发展中心审核，该产品符合绿色食品 A 级标准，被认定为绿色食品 A 级产品，许可使用绿色食品标志，特颁此证。

产品名称：电站生态园+图形牌　新毛芋艿
产品编号：LB-15-1210102934A
企业信息码：GF320585091381
生　产　商：太仓市电站生态园农产品产销专业合作社
批准产量：200　吨
许可期限：2012 年 10 月至 2015 年 10 月

颁证机构：
代表签字：王运浩
颁证日期：2012 年 10 月 日
中国绿色食品发展中心

新毛芋艿绿色食品证书

截至 2019 年，电站村拥有“电站生态园”和“田展笙”两个注册商标，获中国绿色食品发展中心认证的绿色食品 5 个，分别是电站生态园的新毛芋艿、电站生态园的西瓜（早春红玉）、电站生态园的甜瓜（玉茹甜瓜）、优质电站村蜜梨、优质电站村葡萄（夏黑）。

农产品销售链

2009—2019 年，电站村农产品产销专业合作社在产（种植）的方面讲科学、创品牌，取得良好成效，在销（销售）的方面充分运用现代营销策略与营销方式，取得不俗销售成绩。

电站生态园农产品采用种植、加工、包装、配送、物流一体化的生产经营模式。农产品销售由产销专业合作社采取“合作社 + 基地 + 市场”的模式，主要销售蔬菜、瓜果、花卉及其他经济作物，也销售大米、杂粮，还销售肉类、禽蛋、淡水产品等。

配送业务　2016 年 4 月，电站村成立太仓市拥军蔬菜专业合作社，每周给驻地部队配送蔬菜。专门招募工作人员，建成一支功能齐全的配送队伍。扩大业务范围，为做

设在苏州观前街上的电站村展销摊位（2014 年）

在太仓展销的部分农产品（2017 年）

好配送业务，先后增加近 10 家企事业单位的食堂食材配送。为确保配送质量，配备太仓最先进的蔬菜农残检测室，对检测人员进行岗前培训，持证上岗，所有蔬菜必须检测合格后方可出库。还及时投入 2 座冷库，确保蔬菜储存质量。加大配送力量，增加 2 辆全新的全顺配送车（共 6 辆）。

农产品产销专业合作社有自己的销售店，在电站村、新毛镇、太仓市内，开设多家直销店，既进行零售，也提供直销配送服务。以拥军蔬菜配送为契机，结合电站生态园优质农副产品生产基地，建立起农副产品配送的独特竞争优势，到 2017 年发展到 23 个配送单位（包括部队、机关、企事业单位），拥有一批固定客户，计 380 多个。2018 年接近 400 个。

2017 年，电站村通过与太仓交运集团、苏州交发集团合作，利用交运班车配送农副产品，开启农副产品快速交易模式，大大降低物流成本，也有效解决农副产品的保鲜问题。2017 年，电站村与上海交运（巴士）客运集团、太仓交运巴士集团、苏州恒仁义信贸易公司联合注册成立太仓白玉兰生态旅游发展有限公司，除开展旅游业务外，经营销售农副产品，开启对接上海、苏州等地的大订单配送模式。由电站村负责种植包装，太仓交运负责配送，上海巴士、苏州恒仁义信负责销售，在太仓沪太直通车朝阳路汽车站、上海虹桥国际机场航站楼开设专柜销售。与大润发上海总部等大超市达成农超对接协议，跳过许多中间环节，电站村的农产品直接从产地进入超市。2018 年后，蔬菜、水果的配送业务全方位展开，系列化进行。

农产品配送（2015 年）

拥军蔬菜配送（2016 年）

网络销售 2017 年，除定点直销和配送业务外，电站村大力开拓发展网络营销。电站村在传统销售平台基础上重点推进电子商务平台，由传统型销售方式转向传统销售与电商运营相结合的销售模式。增加农业电子商务的软硬件投入，借助现代电子商务营销模式，做好“线下销售”和“线上交易”两篇文章，拓展“互联网 +”业务。开设网上微店，开通电站村微信公众平台，利用网络、电视、报纸等传媒大力宣传电站村的优质产品，让市民及时了解产品信息，让消费者可以通过网络直接订购农产品。这一系列的创新举措充分活跃产销，方便顾客，也为广大农户赢得更大的利润空间。

2018—2019 年，电站村继续保持产品直营和展销、线上和线下全面开花的销售格局。线上销售额已与线下销售额持平。

◉ 专业合作组织

田展农场专业合作社 2005 年 5 月，电站村组建益民农业土地股份合作社，推进土地流转，实行统一经营，全村 3183 亩耕地全部流转到合作社，土地资源得到合理有效整合，形成高效农业示范区和生态休闲区两大板块。

2011 年 11 月，在益民农业土地股份合作社的基础上，成立太仓市田展农场专业合作社。合作社的生产基地包括 800 亩粮食作物种植，1000 亩特色林果种植，近 600 亩绿色蔬菜种植。合作社主要负责经营与管理。

截至 2019 年，田展农场专业合作社的基本职能都没有变化，并且与拥军蔬菜专业合作社和农产品产销专业合作社形成互相配合的合作关系，田展农场专业合作社主要负责生产管理，拥军蔬菜专业合作社主要负责蔬菜配送销售，而农产品产销专业合作社则主要负责生产技术业务与产品销售业务。

拥军蔬菜专业合作社 2006 年 5 月，电站村组建助民蔬菜合作社，在种植能手、农民经纪人的带领下，农户种植绿色农产品，实行产供销一条龙服务，还带动周边农民致富，使入社农户每户增加效益 3 万元。

2016 年 4 月，中共太仓市委议军会议上确定电站村为拥军蔬菜配送基地，为驻太仓部队配送蔬菜。2016 年 4 月 29 日，在原来助民蔬菜合作社的基础上，电站村成立太仓市拥军蔬菜专业合作社，主要从事配送和销售农副产品等业务。

电站村专门聘请山东寿光种植蔬菜的专家，拓展 500 多亩蔬菜基地，保质保量供应拥军蔬菜。至 2019 年，业务不断拓展，除承接部队食堂配送业务外，还承接一些机关事业单位食堂配送业务。同时利用背靠上海这个地理优势，积极主动对接上海，与上海交运巴士集团、太仓交运集团合作达成上海黄浦江游轮、虹桥国际机场航站楼等的农副产品配送协议。

合作社车辆由 1 辆小面包车发展为 6 辆大的配送专车，合作社人员由 5 人发展为 11 人。合作社蔬菜配送业务从拥军配送服务发展到多方面的配送服务。配送中心还服务于村民，为村民提供婚丧事所需物资。

农产品产销专业合作社 2008 年 4 月，组建便民农产品产销合作社，后改名为太仓市电站生态园农产品产销专业合作社，在市区及电站花苑小区开设多家农产品直销店，后又进入网络销售，逐步形成产销一条龙服务，为村级经济的进一步发展注入新活力。

该合作社突出“新”“质”“精”，做大做强产销合作社。“新”即聘请省农科院的专家对电站林果新品种、新技术引进提供帮助及技术指导，电站村林果基地被定为省农科院的科技实践种植基地。“质”即确保新开发荤素类食品安全，并申请各项安全管理认证。2012 年，电站村将芋艿、梨、葡萄、西瓜、甜瓜等产品在太平洋保险公司太仓支公司投保产品责任险，首次将产品责任险条款运用到农副产品领域，进一步提升了食品安全保证指数。“精”即走精品路线，对农副产品进行礼盒包装，精挑细选，提升农产品附加值。

2019 年，农产品产销专业合作社种植产业收入 1500 万元，利润 210 万元。

丰沃果蔬产销专业合作联社 2011 年 9 月 28 日，成立太仓市丰沃果蔬产销专业合作联社，统一管辖上述专业合作社及田展物业公司、旅游发展公司 2 个专业公司，组成村级经济发展联合体，拓展村级经济收入渠道，增加村民收入。全村农户 100% 参与专业合作社。截至 2019 年，电站村这一合作联社统辖几个专业合作社和专业公司的格局未变。

2011 年 5 月，江苏省农业委员会授予电站村的专业合作社“江苏省‘五好’农民专业合作社”称号。

禾田鹭鸟驾清风，化作星帆上碧空（2019 年） 焦桐 摄

乡村旅游

农旅结合——走现代农业高效增收之路。

电站村生态园是太仓地区最早结合农业生产和旅游行业，走现代农业高效增收之路的先锋之一，是集生态、休闲、观光、旅游、美食“五位一体”的农家乐园。

电站村生态园借助发展农业旅游实现“果蔬产业带动旅游发展、旅游发展促进壮大果蔬产业”的良性循环，打造太仓独具特色的农业生态精品游。

电站村在乡村旅游的发展过程中，赢得许多荣誉，如“全国农业旅游示范点”“全国最美休闲乡村”“江苏省四星级乡村旅游景区”“中国特色农庄”“江苏省最具魅力休闲乡村”“苏州十大生态旅游乡村”等称号。

◉ 农旅融合

融合前提 2004 年，电站村与仪义村合并成立新的电站村，村域范围扩大 1 倍多，优质土地资源、特色种植资源优势更加明显。电站生态园的建设，有了可靠的基础。2006 年，工业小区初步建成，形成工业集中的局面，为农旅融合发展腾出空间，积累资金。2010 年起，电站村开展村民集中居住工程，村里的土地资源得到有效整合，土地连片化、平畴化、规整化，为果蔬种植与生态旅游创造极佳的环境条件。在此基础上，电站村的农业旅游项目与周边古镇古村、生态农庄景点错位发展，相互补充，形成独具地域特色的农业生态游。

融合过程 2006 年，启动电站村生态园建设，大量项目资金投入生态种植与生态旅游，并着手对电站村整体旅游线路和设施进行规划。2007 年，电站村东侧开工建设的金仓湖，成为助推电站村旅游发展的一个重要着力点。2009 年 2 月，成立电站村生态园旅游发展有限公司，负责电站村旅游产业的相关事务，包括旅游信息咨询服务、住宿服务、餐饮服务、会务接待服务，提供生态园旅游景区休闲、观光、旅游度假的各类自然景观、人文景观、人造观景和其他景观的服务，经销花卉苗木、旅游纪念品、工艺品。

经过多年培育，电站村初步形成集生态、休闲、观光、旅游、美食“五位一体”的生态村庄和农家乐园。在此基础上，2016 年 5 月，电站村出台《电站村农耕文化、乡村旅游规划方案》，有“筹建项目”和“已建成需改造项目”16 项，总投资约 5000 万元，项目计划 5 年完成，建成后的电站村生态园可以满足游客观光、休闲、娱乐、度假、体验、学习、健康等综合性旅游需求，使电站村成为太仓旅游市场的一个新地标。

电站村以特色生态旅游业发展作为主攻方向，做大生态游、运动游、农家乐品牌游，并在“吃、住、摘、游、购、娱”上下功夫，让游客尽享垂钓、采摘、耕作、养殖等乡村乐趣。为提升旅游档次、拓展发展空间，电站村结合自身实际，利用科技“智囊团”的优势，先后与农科院所、高等院校、咨询机构合作，开发农业生态旅游新项目、引进果蔬新品种、开发农业旅游特色产品、提升农产品品牌效应，进一步打响电站生态游品牌。

旅游灯光节（2017 年）

旅游灯光节（2019 年）

2016—2019 年，电站村农旅融合的重心是“做精一个园、做足一个游”，其中对乡村旅游的要求是“做足一个游”。改善旅游环境，营造旅游氛围，增加旅游的可观性、可乐性、舒适性和文化性。在具体操作上，采取“造景”和“造节”的做法，取得良好成效。2016 年中秋、国庆期间举办的“灯光节”，仅 1 个月游客量超过 10 万人次，获得极好效益。2017 年以“文化旅游节”为主题开展系列活动，游客超过 30 万人次。2018 年游客达 50 万人次。打造田园综合体，开发多样化旅游功能，使休闲旅游转型为以休闲、体验为主的度假旅游，游客到电站生态园能“坐下来”“住下来”，通过门票收入、农产品销售收入、餐饮娱乐收入的叠加创造多元化经济效益。2016—2019 年的旅游收入分别为 100 万元、200 万元、250 万元、300 万元。

◉ 景区景点

景区景点布局，以电站生态园南大门为起点，以南北方向的电站中心路和东西方向的电站生态路为交叉主干道辐射展开，呈较规则的东西长、南北窄的长方形景观区域。

从新港西路向北跨过秦江门进入电站村生态园南大门，南北贯通的主干道是电站中心路，两侧有若干小支路。与中心路相交的东西向路由南往北依次为北秦江门路、果香路、电站生态路和南仗义泾路，跨过仗义泾则是北仗义泾路、大地仓路。景区景点均分布在这几条路所涵盖的区域内。

双拥公园（2016 年）

双拥长廊和人口文化雕塑（2015 年）

双拥公园 2015 年落成的双拥公园是以拥军为主题建设的休闲公园。位于电站中心路之东果香路南侧。园内有双拥长廊、双拥亭、双拥桥，设有休闲台凳，其间绿树环绕，长廊、曲径、步道、水亭、湖泊交织。

双拥公园内交织着人口文化的元素，由“文化园”“生命之源”“和谐的旋律”3 个雕塑组成，以生命为主题，以含蓄的寓意把正确的生育理念灌输给游览者。

双拥公园东边是可容纳 200 人的会议中心，既是农民培训中心，也是太仓市退伍军人实践基地。

双拥公园北面果香路北侧原是一大片葡萄大棚区和花卉盆景园，2018 年下半年，根据新的规划，这片葡萄园和盆景园全部拆除改造成天然草坪绿地。

田园驿站 位于果香路的最东端，是个相对独立的景区，含垂钓中心、烧烤区、湖畔木屋、老兵茶舫、田园休闲咖啡屋、等景点，是从生态园开发初期（2006 年）起，经过十多年陆续建成的。其中垂钓中心和烧烤区较早，然后逐步建起湖畔木屋、老兵茶舫、田园休闲咖啡屋等。

垂钓中心位于电站生态园区东南部，有大小湖塘 8 个，水面积 38 亩，可同时容纳 300 人以上进行垂钓比赛。塘内养殖鲫鱼、鳊鱼、草鱼、青鱼、花鲢、白鲢等品种。沿湖绿荫环绕，鲜花点缀，清幽可人。

垂钓中心的北侧有烧烤区，钓上的新鲜活鱼，可以当场烧烤，游客也可购买各式烧烤原料，一展技艺。

田园驿站鸟瞰（2019 年）

垂钓（2014 年）

垂钓中心北侧河畔，有一船形建筑，为老兵茶舫。结合退役士兵创业实践基地，为退役士兵提供一个茶余饭后聚会议事、探讨创业就业的场所，也供游客喝茶观景聊天。

田园休闲咖啡屋位于垂钓中心附近，设施良好，提供各式现磨咖啡与各种饮料及点心，有图书阅览，为游客提供休闲及小型会议场所。

田园休闲咖啡屋的周末（2019 年）　　许赟　摄

农耕文化风情园（2015 年）

乘船畅游仗义泾（2016 年）

环绕咖啡屋旁的是茅屋形的湖边小木屋，是为游客提供的乡居别墅。本身可成一景，是一个景色幽雅的住处。

2020 年，田园驿站升级改造，发展成为乡村民宿，第二期民宿基本建成。

农耕文化风情园　从 2006 年开始，陆续建设而成，位于生态园区电站中心路东、电站生态路到仗义泾之间的长方形区域，占地 157 亩，建筑总面积 1700 平方米，包括亭台楼阁 360 平方米，游船码头 117 平方米，自住农家乐 850 平方米，其他风格的建筑及附属服务设施 360 平方米等。园内绿化景观面积 80 亩，河道面积 35 亩，拥有水车体验、三维影视观赏、农耕用具展示欣赏等，游客可进行多种形式的体验活动。园内还有国防健身点，有“退役”的高射炮，有健身器械等。

2016 年 3 月，游船码头启用。游船码头有 1 艘快艇，10 艘乌篷船，硬件和软件设施一应俱全。游客从游船码头登船，沿途经过仗义泾两岸，至开心农场上岸，游玩一圈再返程，游览时间约 40 分钟。

农耕文化风情园拥有大片草坪，是孩子们嬉戏的天堂。夏日晚上，这里经常举行各种形式的灯光秀活动，还有水幕电影，吸引众多游客前往观赏。

2018 年，农耕文化风情园又向电站生态路南发展，拓展一大片草坪，游客活动的空间更加开阔。草坪上可以开展各种活动。

开心农场 位于电站村生态园电站中心路之西、仗义泾之北的区域内。开心农场的所有土地，划成小块，可以由想要种植的人认领，认领者通过认租土地方式种植自己想种植的蔬菜瓜果。农场免费提供菜苗、种子、肥料、全套农具及农业技术指导，配备完善的基础设施，包括全自动喷灌系统、App 全程监控系统等。分为自行种植和委托种植两种方式。自行种植者需要亲自参与整个作物生长过程；委托种植则不需要亲自动手而只需要不定期前往观赏农作物的生长过程，然后在采摘阶段亲自前往收获。开心农场工作人员会在农作物生长的各个重要阶段，把第一手图片通过网络传给每一位认领者，以告知和分享种植的愉悦。收费标准，自种模式（自种自收）：500 元 / 年；半托模式（不定期看望并亲自收获）：865 元 / 年；全托模式（不亲自稼穑，只享受观赏与收获之喜悦）：1230 元 / 年。

开心农场（2017 年）

亲密接触小动物（2019 年） 宋义勇 摄

开心农场是电站村富有创意的旅游景点项目，兼具体验、观赏于一体，能与大自然亲密接触，特别适宜城市居民参加，让城市游客在闲暇之余成为开心农夫。此项目尤其适合有小朋友的家庭，对自小培养儿童对于农村和农业生产的认知大有好处，受到广大家长的青睐。2015 年 5 月 30 日，电站村和苏州市田园优贡电子商务有限公司联合举行开心农场启动活动。2018 年，开心农场会员 360 多人；2019 年，接近 400 人。

小动物喂养体验区 在开心农场旁边，有一专供孩子们观赏和活动的小动物喂养体验区，里面有黄牛、山羊、白兔、小香猪、鸡、鸭、鹅等畜禽，小朋友们可亲自动手喂养它们或和它们亲密接触。

鲜花农场 又称花卉盆景园，2018 年建成，占地 20 亩，位于开心农场东侧。按照不同的季节展示各具特色的田园风光。有露地栽培的成片鲜花，也有鲜花盆景、多肉植物盆景等，供游客观赏，也供游客选购。

瓜果观赏采摘区 2006 年电站生态园建立后，设立瓜果观赏采摘区。采摘区并不完全固定，主要在位于电站中心路西侧的瓜地和果园内，选择部分区域对游客开放，有香瓜地、西瓜地、梨园、桃园、葡萄园，还有枇杷园、冬枣园、桑葚园等。花时观赏，果时采摘，春秋两季，最是宜人。

鲜花采摘园（2019 年）

葡萄采摘园（2019 年）　　侯钰琨　摄

莲藕种植园（2019 年）　　章晨　摄

温室大棚区　初建于 2007 年，温室大棚有别于普通大棚，具有良好的透光、保温效果，能用来栽培热带作物，或者调节作物生长周期，促进作物生长，增加作物产量。温室大棚区均在电站中心路西，分几个区域，主要有火龙果栽种区、蓝莓种植区、草莓种植区（包括大棚种植和露地种植）等，可供游客观赏和采摘。

桃花岛生态养殖园　位于电站生态园西南部，占地面积 45 亩，种植桃树并放养家禽。每当桃花盛开时节，灿若烟霞、美不胜收的景象，使人驻足观赏、流连忘返。桃树下放养家禽，综合开发，一举数得。生态养殖园生产的生态鸡、鸭、蛋等成为电站农庄饭店招牌菜肴的主要原料。

莲藕种植园 位于生态园西部，桃花岛东侧，30 亩。既可夏赏荷，又可秋尝藕，景色宜人。

竹种科普园 本地竹子，品种不多，观赏性稍显单调。2015 年，从中国竹乡浙江安吉县引进竹种，在仗义泾两岸苏家桥西侧到庙桥处，种植毛竹 3000 株、雷竹 3000 株、白哺鸡竹 3000 株，红哺鸡竹 1500 株，以丰富竹子品种，增加观赏性。

原种种质品种保护园 2009 年建立。该园位于生态园区西北部，园内有蔬菜大棚、露地种植园，种植各类无公害绿色蔬菜，以新毛芋艿、青毛豆、青玉米、西兰花等原种种质资源保护为主。园内的蔬菜中获得国家级认证的绿色食品 5 种、无公害农产品 4 种，获得苏州市名牌农产品称号的 5 种。

园中最主要的是芋艿种植区，种植电站名品“新毛芋艿”。芋艿种植区附近，另有西瓜种植区及大地仓有机蔬菜区。

房车露营地 设在电站中心路以西的仗义泾两岸，周围有竹林、曲径、水榭、长椅、摇篮、铁索吊桥等。2017 年建设的第一期有露营房车 9 辆，固定安置在房车露营地周围，另有 20 个移动房车服务点。围绕房车露营地，设有服务中心，有中西餐厅、酒吧，还设有母婴室、公共浴室、VR 体验区。2019 年入住 5000 多人次，入住率 40%。其中夏季入住率高达 80% 以上。

沿仗义泾铁索桥西侧设置沙滩浴场，为房车露营地的附属休闲景点。沙滩浴场铺设洁白细沙，为游客提供热带风情的休闲项目，并设置亲子娱乐设施，提供家庭休闲新场所。仗义泾内有水上游船可供游客游玩，观赏两岸风光。

房车露营地（2017 年）

房车营地之西，穿过庙桥路，可进入兰文化主题园，有露地的兰花种植和各式兰花盆景。

房车露营地是电站村旅游富有特色的景点和深受游客喜爱的项目之一。

村史馆 设在乡村·漫市集内，200 平方米，包含序言、视频展示、村史墙、灌溉演示等，记录了电站村的生活变迁、人文特色、党组织建设，是了解电站村的重要窗口。

◉ 旅游活动

风筝桃花节“美丽乡村游” 2016 年 3 月 19 日，电站村举办以“缤纷风筝桃花秀 尽享乡村游”为主题的游玩活动，旨在对接上海、农旅结合，以花为媒推动电站村的乡村旅游发展，扩大电站村农业旅游，建成人们业余休闲、旅游观光的“后花园”。此项活动吸引太仓、上海等地众多游客前往游玩。游客有的踏青放风筝，有的在开心农场种植采摘，有的在草坪露营晒太阳，有的体验农耕文化，有的休闲垂钓，有的乘船畅游仗义泾观赏两岸风光，有的品尝农家土灶饭菜，有的带着大包小包农副产品满意而归。众多特色活动，让游客体验一次返璞归真的农家田园乐趣。

中秋、国庆“灯光节” 2016年中秋节、国庆节期间，电站村举办灯光节，20 多天，在生态园内展开了五彩斑斓、如梦如幻的灯光表演秀，先后吸引 10 万人次前往观赏。

首次灯光节的成功，使得灯光节成为电站村的保留节目。2017—2019 年的灯光节虽没有第一次那么轰动，但由于与其他活动相结合，叠加效果更明显。

灯光节现场（2017 年）

2017 首届太仓乡村旅游节开幕式（2017 年）

亲子跑主题活动上的七彩油纸伞文化艺术展（2017 年）　　姚建平　摄

旅游节上的茶艺表演（2017 年）

“稻梦空间”风车展（2017 年）

亲子跑主题活动　2017 年 4 月 15 日至 5 月 10 日，首届亲子跑主题活动在电站村举行。活动内容有野餐采摘、亲子跑、骑游活动，还有各式煎煮烧烤活动，包括青团子、烤香肠、关东煮、茶叶蛋及半价农副产品秒杀活动。

2017 乡村旅游节　2017 年 6 月 28 日，“2017 首届太仓乡村旅游节”在电站村隆重开幕，举办一系列旅游活动。开幕式当天，有老兵茶舫内的古琴 、茶艺展示，电站农庄饭店内的江南丝竹、表演唱《共创金色美丽新天堂》、独角戏《美丽家园》、沪剧表演唱《田园风光》，开幕式现场有农产品展示（优惠出售）、啤酒烧烤展示（免费品尝），

草地嬉游（2018 年）

有乡村摇滚乐队的演出。整个旅游节期间（6 月 28 日至 8 月 31 日），电站村开展了众多富有特色的节目，有乡村纳凉文化节（动漫水世界活动、皇家马戏团演出、啤酒烧烤活动等）、亲子采摘节（西瓜采摘，蓝莓采摘，七彩南瓜采摘，葡萄采摘，油桃、白凤桃、水蜜桃、黄桃采摘，翠冠梨采摘，火龙果采摘等）、“梦幻之夏”灯光节等。

2018 乡村旅游文化节 2018 年 4 月 28 日，以“农旅融合发展、助力乡村振兴”为主题的“2018 乡村旅游文化节”开幕式在电站生态园白玉兰房车露营地举行。开幕式上，举行了葡瑞缇葡萄酒庄园奠基、青年之家揭牌、文旅运营签约、上海万人游签约等活动。开幕式最后，是充满江南地域文化特色的文艺演出。有广场舞《中国火起来》、女声独唱《约好去江南》、广场舞《茶香中国》、民俗舞《挑花篮》、表演唱《美丽新天堂》等。

2018 年，电站村乡村旅游文化节设立贯穿全年的系列活动。

4 月 21 日，太仓文洋凯迪拉克在电站村举办春日草莓季，“上一刻春风十里，下一刻草莓甜蜜”。游客众多，大多是父母带着孩子前往参加，全程充满童真与欢乐。

4 月 28 日至 5 月初，蝴蝶谷赏蝴蝶放风筝活动，好多家长在五一小长假带着孩子前往电站生态园，数千只蝴蝶与游客相约，数千只风车组成各种图案，恐龙和“稻梦空间”的神奇组合使孩子们大开眼界。

5 月 5 日，由太仓市团委、城厢镇团委、电站村团支部共同举办“如花美眷，春日旖旎”五四青年联谊活动。本次活动线上召集 40 位单身青年朋友，旨在通过一系列游戏让青年朋友们互相了解，彼此互动。这是青年之家——电站基地自成立后首次举办的大型活动，有红绳组 CP、疯狂的设计、企鹅漫步、定向寻景等项目。经过 2 个多小时共同努力，每组成员都完成自己的任务，与自己的 CP 也有深入了解。电站生态园也为大家提供了丰富的纯天然瓜果奖品。

5 月，电站村还参加中国旅游日对接上海旅游集散中心“特惠月”活动，对推介电站生态园、促进上海游客前往旅游起到很好的作用。

6 月，举办田园生态露营节，游客可以搭帐篷、数星星、采瓜果、吃烧烤。

7 月，举办夏季缤纷水果采摘节，游客们挎篮子穿行在桃树、梨树下，摘香甜的水蜜桃、碧绿的翠冠梨，体验收获的喜悦。

8 月，举办军民同心真爱永随联谊活动。5—10 日，增加魔幻水幕电影，将光影与湖水完美结合，是声光电融合的饕餮盛宴。

9 月，举办乡村大舞台中秋文艺联欢会、迎国庆党建共同体开放式主题党日活动，看着月亮吃月饼，不忘党的一片情。还有电站乡村采摘游，挖芋艿、采鸡头米、吃农家菜、在稻田观赏白鹭嬉戏觅食。

10 月 5—6 日，开展国庆田园风光、农耕文化、星空露营体验活动。有定向挑战汪汪队集结，有挖芋艿比赛，有扎帐篷星空露营、篝火晚会等活动。

28 日，娄江幼儿园、弇山幼儿园、华顿幼儿园、城一小、实验小学、新区三小、朱棣文小学、科实小等 12 所小学和幼儿园的 141 名小棋手参加了 2018 年“电站杯”太仓市少年儿童国际象棋邀请赛。

挖芋艿（2018 年）

少儿国际象棋邀请赛（2018 年）

11 月，举办了芋艿美食节和草莓 DIY 节。

12 月，举办了松茸（2018 年种植成功）采摘与品尝活动。

2019 年主要旅游活动

5 月，美食节开启。

5 月 20 日，举办超跑节。1500 名来自名车俱乐部、718 保时捷俱乐部的车手驾车汇聚电站村，参与打卡活动并换奖品。

6 月 3 日，首届“双拥杯”美在电站村全国摄影展暨“寻找最美退役军人”活动启动。

7 月 27 日，电站生态园首次举办翠冠梨采摘节。邀请网红“佐罗先森”现场直播带货，观看量达到近 26000 人次，当天上午便有近 500 人参与活动，广受欢迎。弘扬中华民族传统美德，两个小朋友身穿汉服，不争不抢，分享蜜梨。举手投足之间，可爱至极。同时还推出“寻找梨王”活动，已发现重达 1 千克的大梨。

守护者营地篝火晚会（2019 年）　彭雪梅　摄

秋收艺术节上大手带小手绘画（2019 年）

体验老式脱粒（2019 年）

超跑节上的豪车（2019 年）

房车营地大门（2019 年） 焦桐 摄

新能源充电桩（2019 年） 焦桐 摄

10 月，举办万人挖芋艿活动。

11 月 24 日，特别面向孩子们的太仓秋收艺术节在电站村举行。本次活动由太仓青少年发展培育协会主办，太仓市电站村生态园旅游发展有限公司等单位协办，孩子们一起走出校园，和爸爸妈妈进行一场户外秋收亲子活动。

让孩子们亲自下田收割稻子，在家长的帮助下把收下的稻子脱粒、堆垛、装袋，收获的间隙，展开丰富多彩的艺术活动，有对山歌、快闪，有稻田创意绘画，还将画好的画进行手工拓印等。当日，2019“电站杯”太仓少年儿童国际象棋邀请赛也在电站村落子博弈。

电站村的旅游节庆还与村落文化活动相结合，尤其是与一年一度的电站村农民文化节相结合，使得电站村的旅游节庆更加多样与丰富，对促进电站村的乡村旅游起到不可或缺的重要作用。

配套服务

游客接待中心　2009 年 9 月，电站村游客接待中心成立。游客中心设在村委会一楼，与电站农庄相对，内有 3D 影视厅、会议中心等设施，日常负责游客接待及咨询业务，满足游客的多种需求。

3D 影视厅设在电站村办公大楼内，游客接待中心旁，是一座约 100 平方米的多功能影视厅，有固定座位 60 个，可加座 40 个，可供百人欣赏音乐、观看影视，也可作为专题报告、学术讨论的场所。

民宿二期一角（2021 年）　　焦桐　摄

交通　从太仓市区直达电站村的 101 路公交车，15 分钟到 40 分钟 1 班。从上海虹桥站到太仓站再到电站村的班车，班次间隔 30 分钟。从上海南站到太仓站再到电站村的班车，班次间隔约 30 分钟。从上海火车站到太仓站再到电站村的班车，班次间隔约 40 分钟。沪太公交快线从上海轨交 11 号线嘉定北站到太仓朝阳路站，然后从朝阳路站有发往电站村的班车，每天往返各 2 班。

餐饮　2007 年建成的电站农庄是电站村一所三星级农家乐饭店，可同时容纳 350 人就餐。内有 11 个古色古香的农家主题包厢，最大包厢可容纳 20 位宾客。大厅可同时容纳 200 人就餐。电站农庄选用生态园自种、自养的新鲜食材，使用农家土灶烹饪，游客可以品尝地道的农家美味。电站农庄宴会厅可举办小型文艺活动，品美食赏歌舞。

住宿　白玉兰房车露营地。2018 年，有 9 辆固定式房车，20 个移动房车服务点，可以满足不同游客的露营需求。露营地内有亲子沙滩、水上游艇、生态烧烤、VR 游戏、中西餐饮等配套旅游设施。

电站农庄附设的农家乐宾馆。设标准客房 42 间、家庭套房 6 间，设有商务中心、会议中心、观光玻璃连廊、屋顶露天茶座等配套设施。

湖畔仿原始亲水小木屋民宿。设在田园驿站内的小湖区，环湖而建，已建8套，旁有老兵茶舫、垂钓中心、咖啡屋等，环境幽雅。亲水木屋获评“苏州乡村旅游十大精品民宿”。

2019年年末落成的田园新社有客房43间，其中单间11间，标间30间（含亲子房10间），套房2间。2020年建设的民宿二期有各式房间39间，含11间双床房、12间大床房、6间亲子房、6间双床套房、1间大床套房及3间三床套房。

购物 农产品直营店（生态园地货行），位于电站村入口处东侧，内有电站村生态园出产的新毛芋艿、翠冠梨、玉茹甜瓜、红玉西瓜、黄桃、草莓、蓝莓等十几种绿色品牌食品，以及电站大米、电站糯玉米、电站草鸡蛋、电站肉松骨头、电站双凤爊鸡、电站生态园黄酒等一系列特色农副产品。

2019年开始建设名为“乡村·漫市集”的大卖场，建筑面积2000平方米，2020年落成，以互联网为媒介，有农产品销售区、特色农产品直播区以及体验区。

其他设施 三星级厕所多座，设有母婴室、儿童厕位、无障碍厕位，满足各类游客的需求。新能源充电电桩位于电站村入口处东侧，采用江淮汽车厂的新能源汽车，为游客提供便捷的共享服务。观光车驿站配有观光车及多人自行车，游客可自由选乘交通工具游览生态园。

幸福小火车（2021年） 彭雪梅 摄

电站村之夜（2017年）　彭雪梅　摄

温馨家园

发展生产、改善村民生活，是电站村的基本追求。改善之首，是安居。安居的目标，不是单纯地改善住房条件，而是建设温馨的家园，其核心是在建成现代化居所的前提下，法治管理、文明建设、娱乐养心、体育健身、社会保障、环境卫生这一系列的软硬措施的实行，真正造就电站村民安乐祥和的理想居所和美丽家园。

电站村在家园建设上，既有规范的制度约束，又有细致的人文关怀；既有物质的保障，又有文化的熏陶。温馨家园先后获评“国家级生态村”“江苏省文明村”“江苏省健康村”“苏州市十大美丽乡村”荣誉称号。

◉ 集中居住

新农村建设过程中，电站村根据农村集体经济较发达且自然村落相对不发达的村情，选择了集中居住模式。

2010 年，电站村启动城乡一体化村民集中居住工程。

2010 年 5 月 24 日至 6 月 10 日，是宣传发动、调查摸底阶段。

从 2010 年 6 月 17 日起，组织实施，农户提交“双置换”（指以农村房屋和宅基地使用权置换城镇房产，以土地承包经营权置换城镇社会保障，使村民转变为城镇居民，并且享受城镇居民同等的福利待遇）申请阶段。具体的置换操作分两个阶段实施。

阳光美地小区　第一阶段安置房置换分配和迁居，2010 年完成。

集中居住区第一期在城厢阳光美地小区（简称“阳光美地”），位于电站村西南，原伟阳村域内，为城厢镇开发地块统一建设的住宅小区，其中一部分是商品房，一部分是拆迁安置房。电站村的小部分动迁村民安置在阳光美地，约占 20%。

2010 年 7 月 4 日，在电站村生态园培训中心，召开电站村城乡一体化村民集中居住分组工作会议。请镇拆迁办的人员对评估、拆迁、安置的政策、规定进行宣传、解释；请安置办的人员对第一阶段的安置小区“阳光美地”如何安置操作进行宣传、解释。会后组织农户代表前往“阳光美地”实地考察。

2010 年 7 月 8 日起，采用滚动式工作方法，边评估，边签协议，边动迁。

电站村拆迁安置户安置房采取现房安置与期房安置相结合的方法。现房安置在城厢的阳光美地安置小区，每户填报 1 套（多层房 1 套或小高层房 1 套）。期房安置在新毛区域，即后来的电站花苑小区。

安置规则强调了阳光美地安置房按正常结算，结算后剩余的基准面积和调节优惠面积以及账面留存款一并转入下期安置。转下期的安置基准面积不少于 30 平方米，按照下期安置的相关规定实施。对顶层带阁楼、简装修补贴、管道燃气开通、物业费等也有相应规定。储藏室、汽车库的安排也有相应规定。

分房操作程序：填报安置房型层次意向表→意向志愿确认表→凭抽签入场证（一户一张）到场抽签→先抽顺序号（以入场先后为序）→再抽签房号→凭抽到房号票领取抽签定位确认书→凭确认书办理安置房结算单→凭结算单到财务处结算付款，同时签订转二期协议书→开具准入单→凭准入单到物业管理处办理相关手续→领取安置房钥匙。

电站花苑小区 第二阶段安置房置换分配和迁居，2013 年起实施。

集中居住区第二期在新毛电站花苑小区，是专为电站村及附近村建造的村民住宅小区，位于电站村东面。置换分配方式同第一期。

2013 年后，电站村的大部分村民安置在电站花苑小区，电站村民是电站花苑小区的安置主体。至 2019 年，电站花苑已入住 1380 余户，其中电站村民占 80% 左右。

安置补偿

土地补偿 21 世纪初期，村里就对村级占用村民土地实行补偿。补偿标准：村级筑路占用土地按 400 元 / 亩补偿；电站陈泾北占用土地按 600 元 / 亩补偿；电站陈泾南占用土地按 700 元 / 亩补偿。2006 年生态园建起后，土地补偿基本上按水稻收购价为基数进行补偿，是一种动态且呈递增型的补偿，确保村民补偿与物价挂钩。

2010 年开展集中居住工作后，以土地置换保障，失地村民享受社保、医保等社会保障，所有保障均按相关文件执行。取消土地补偿，村民人头入股，村里每年进行股份分红。

房屋拆迁补偿 2010 年起，电站村根据城厢镇的房屋拆迁及处理办法，凡符合住房拆迁安置条件的农户住房，采取协议拆迁办法，对拆迁住房实行一次性补偿。补偿标准根据住房的结构、质量、建造年限，按质论价。楼房给予 220 ~ 300 元 / 平方米补偿，平房给予 120 ~ 180 元 / 平方米补偿，居住性的其他用房给予 80 ~ 120 元 / 平方米补偿。房屋拆迁补偿金额逐年递增。

土地换保障 电站村在建设生态园和规划新农村的过程中，失地农民的主要保障就是土地换保障政策，通过拆迁时案例土地的征用获得政策上的支持。2004 年，土地换保障提上议事日程。

根据《太仓市征地补偿和被征地村民基本生活保障实施办法》，依法给予被征地村民合理补偿，保障被征地村民的基本生活、合法权益和工作安置。征用土地的土地补偿费，基本上按前 3 年平均年产值的 10 倍左右计算。

被征地村民按 4 个年龄段进行补偿安置和获得基本生活保障。

16 周岁以下为第 1 年龄段。安置补助费 16 周岁以下的 6000 元，16 周岁以上（含

16 岁）的 2 万元，一次性计发生活补助费，不再纳入其他基本生活保障的范围。其就业按新增劳动力进行管理，并按规定参加城镇企业职工养老保险。

女性 16 周岁以上至 35 周岁、男性 16 周岁以上至 45 周岁人员为第 2 年龄段，经办理相关手续后纳入城镇企业职工保险体系，实行养老保险置换，按现行最低工资标准为缴费基数及自由职业者缴费比例，置换城镇养老保险 15 年缴费年限，并从被征地当月起，按月领取一定额度的失业补助费，期限 2 年。

女性 36 周岁以上至 49 周岁、男性 46 周岁以上至 59 周岁人员为第 3 年龄段，按第 2 年龄段人员置换办法，置换养老保险，同时置换医疗保险。从征地当月起，至到达法定退休年龄止，按月领取一定额度的生活补助费，到达法定退休年龄按城镇企业职工养老保险规定享受相关待遇。

女性 50 周岁以上男性 60 周岁以上人员为第 4 年龄段，从征地当月起，按城镇企业职工养老保险有关规定计发养老金。

对第 3、第 4 年龄段人员实行基本医疗保障。按月计发的生活补助费、养老金中包括门诊包干费，同时建立住院基本医疗保险制度。

建立被征地村民的再就业培训体系。通过多层次、多形式的职业培训，并根据这部分人员的特点和要求，调整培训内容，增强培训的实用性和有效性，提高这部分人员的就业竞争能力。所需经费在再就业专项基金中列支。同时建立失业登记制度，进行失业登记和发放就业登记证（劳动手册），对其中的“4048”人员（大龄失业人员，就业较为困难的人员）发放再就业优惠证，享受再就业优惠政策。

2007 年，调整被征地村民征地补偿和基本生活保障，土地换保障的置换金额由原每人 32600 元调整为 45000 元（安置补助费 25000 元），4 个年龄段的补偿标准也都相应提高。并且明确了对土地换保障农民的社会保险补贴及相应标准。对土地换保障退休人员养老金也做了相应调整。其他医疗保险、死亡抚恤等方面也都相应调整。

2010 年，电站村集中居住工程大规模启动后，所有土地换保障政策则在原有基础上根据物价水平的变化而相应调整，金额逐年递增。

股份分红 2014 年 11 月，电站村制定《太仓市电站社区股份合作社章程》，电站村民的股份分红以此章程为依据进行。

电站村社区股份合作社每年年终进行一次股份分红，标准按《太仓市电站社区股份合作社章程》进行分配（5 年内不变动）。

◉ 社会保障

养老保险 2010年集中居住后，电站村对村民原有财产的保护和后继生活的保证，一开始就高度重视。对于少数人，特别是少数老年人，从普通民居搬迁入高楼的暂时不适应，电站村也采取很多措施去缓解，使得这部分人很快度过了不适应期。

电站村积极响应国家的社会保障政策，一系列的政策措施和福利优惠让居住进高楼的村民没有后顾之忧。

2010年开始，随着城乡一体化的推进，电站村为村民推行养老保险保障制度，具体办法按照《太仓市农村社会养老保险暂行办法》实施细则实施。

电站村为每位村民办理养老保险，保证老有所养。电站村民的养老金，也与城镇居民一样，每年增加，增加的幅度与城镇居民同步。增加的幅度或金额，均以当年政府部门的文件为准。2017年，基础养老金计发基数从1300元调整到1400元，2018年，基础养老金计发基数从1400元调整到1500元。对于年满70周岁、80周岁、90周岁以及100周岁以上的老人，均有额外的增发，增发数分别为10元、15元、20元、25元。2018年，增加的幅度平均达6%。

纳入社会化服务的农村养老人员身患重病并手术住院满7天以上的，实施重病慰问，标准为150元（每年1次）。

纳入社会化服务的农村养老人员亡故后，由社区劳动保障协理员上门进行慰问，敬献花圈，标准为花圈50元，慰问金200元。

医疗保险 2010年后，土地换保障，包含医疗保险。医疗保险涉及基本医疗保险、大病风险基金等几个方面。村民无论小病、大病、康复医疗，都有了基本保证。

电站村民的基本医疗保险根据《苏州市社会基本医疗保险管理办法》的规定，参照城镇职工的医疗保险执行。45周岁以下的参保人员按当年度本人缴费工资额的3%计入；45周岁（含45周岁）以上的按当年度本人缴费工资额的4%计入；退休人员按上年度养老金总额的5%计入，低于500元的按500元计入，高于4000元的按4000元计入。医疗保险门诊待遇和医疗保险住院待遇，也均参照城镇居民的待遇执行。

2013年，电站村通过了《关于完善村民大额医疗费用自付部分再补贴的决议》，自

2013 年起，按本人当年医疗自付费用 3000 元起，按 10% 比例结算，上不封顶。自付部分 1 万元以上的年终再发放慰问金，标准为 1 万元以上 500 元，2 万元以上 1000 元，以此类推，上不封顶。

惠民福利 2010 年起，购买新农合医保的村民，村里每年按缴费总额的 50% 补贴。每年为每户家庭购买财产责任险 200 元。做好 18 周岁到 60 周岁以内自愿参保人身险收费工作；对在合作社签协议的打工者，按照政策也购买意外人身团体险，计每人 200 元。

村里对办理喜事每户一次补贴 1000 元（初婚），办理丧事每户一次补贴 1650 元（其中水电费补贴 150 元）。凡在册户籍村民去世，60 周岁以下的由村委会组织送花圈；60 周岁以上的（含 60 周岁）由村老年协会组织送花圈，并送吊丧安慰费 500 元。村里派人主持或出席追悼会，吊唁逝者慰问生者。

体检、义诊和健康讲座 2010 年开始，由城厢镇统一安排，村里组织对 60 周岁以上（含 60 周岁）的村民每年进行一次体检，还对育龄妇女及 64 周岁以下的老年妇女进行 3 年一次的妇科检查。疫苗接种也按规定进行。社区医生为老年人开展义诊服务。太仓市人民医院也不定期到村里为村民义诊。逢重阳节，都有相关志愿者的活动，为老年村民做健康讲座，医疗专家到村里坐诊，做现场养生保健讲座，解疑释难等，已成为“约定俗成”的新常态。

义诊（2014 年）

弱势群体帮困扶助 2004 年起，电站村贯彻以人为本的理念，高度重视扶贫帮困工作，切实加大帮扶工作力度，积极寻找帮扶工作突破点，2009 年成为省级农村残疾人扶贫帮困基地，为开拓农村残疾人扶贫渠道提供了样板，得到中国残疾人联合会副主席吕世民的高度评价。

2012 年，电站村成立丰沃合作联社和田展物业管理公司后，利用已有的资源优势，优先录用就业困难人员、贫困家庭人员。同年，合作社为有种植能力的困难残疾家庭每户赠送蔬菜钢架大棚 1 ～ 2 个，每个大棚价值 1 万多元，免收土地租金并承担每年大棚的维修费用，提供新品引进、技术指导、协助销售等一系列配套服务工作。

从 2013 年起，电站村还将特困户家庭列入低保户，享受最低生活保障。2013 年起，每年开展困难党员、困难家庭走访慰问活动。对全村所有低保户、低保边缘户、重残户家庭进行复查年审、调标申请，进行入户调查录入系统；为重度残疾人办理重度残疾人护理补贴，为听力残疾人申请专项补贴，为行动不便人员申请轮椅。

2018—2019 年，在前面数年工作的基础上，对全村所有农户的家庭信息进行核实登记，为重点优抚对象和残疾人办理家庭经济状况核对授权书。其他相关救助和补贴工

志愿者一线指导种植技能（2007 年）

作常态化进行。

老年人日间照料服务中心 建于 2014 年，总面积 205 平方米，设有休息室、就餐室、活动室等，主要服务对象是年满 80 周岁以上的老年人，个别病弱的可以适当放宽年龄尺度。服务中心每日为 60 多位老人提供日间照料、送餐服务（每餐伙食标准 8 元，村级补贴 3 元，个人支付 5 元），另外还提供理发服务（每月 10 日、20 日定期上门。个人付 5 元 / 次，村级负担 3 ~ 5 元）、代办服务等。

2017 年 5 月，通过为每位老人建立健康档案，增设“健康角”、入托信息表、饮食管理信息表等，对站内的老人实行精细化服务。同时，依托“健康角”这个平台，定期邀请社区医生前往义诊以及宣传健康知识。还推出“六个一”服务项目：送一次餐、理一次发、晒一次被、洗一次床单、量一次血压、测一次血糖。2017 年，电站花苑日间照料服务站累计送餐 13666 客（新增就餐老人 21 名），共为年满 80 周岁的老人提供理发服务 646 人次，坚持每周三为老人测量血压 976 人次，为年满 80 周岁老人测量血糖 320 人次（5 月份开始），自 3 月份开始每月为年满 84 周岁的老人洗床单、晒被一次，计 363 人次。

2018 年，累计送餐 17833 客（新增就餐老人 20 名），为年满 80 周岁的老人提供理发服务，共计服务 588 人次，坚持每周三为老人测量血压 724 人次，每季度为年满 80 岁老人测量血糖共计 59 人次，每月为年满 84 周岁的老人洗床单、晒被共计 482 人次。

2019 年，全年累计送餐 19280 客（新增就餐老人 17 名），为年满 80 周岁的老人提供理发服务，共计服务 660 人次，为老人测量血压 557 人次，为年满 80 周岁老人每季度测量血糖共计 191 人次，每月为年满 84 周岁的老人洗床单、晒被共计 525 人次。同时，除原有的“六个一”服务之外，太仓市扬帆社会工作服务中心还针对日间照料老人实际情况制定了多样化的活动，共计 56 次，受到老人的欢迎。

老年人特殊照顾 对老年人，特别是高龄老人的特殊照顾和扶助，除日间照料服务中心外，尚有一系列政策性措施配合。

电站村专门为 60 周岁以上老人购买了意外人身团购险，还为 60 周岁以上老人提供上门服务并及时收集上门服务对象反馈记录表，随时做好医疗卫生数据统计分析整理工作。

电站村每年为年满 80 周岁老人发放春节慰问金，老年节为年满 80 周岁老人发放重阳糕，生日的时候发放生日慰问金。还每年为部分老人申请居家养老服务，为年满 80 周岁的老人申请敬老金、赡养金。95周岁及以上老人每年发放子女赡养奖励金（95周岁500元、96周岁1000元、97周岁2000元、98周岁3000元、99周岁4000元、100周岁5000元）。

2015年10月，电站村被太仓市老龄工作委员会评为“太仓市敬老文明号”。2016年11月，电站村被太仓市老龄工作委员会评为“先进养老服务组织”。

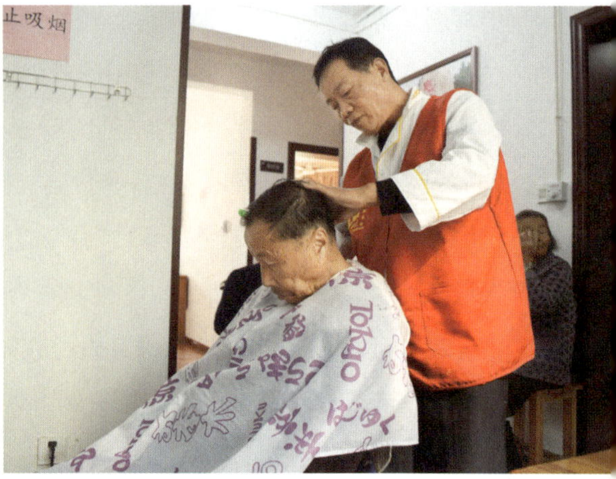

为老年人义务理发（2019年）

“1+2=5”的社区管理新模式

志愿者服务老年人（2015年）

电站花苑小区主要是用于安置电站村的“城乡一体化”拆迁农户，小区于2013年9月开始入住。根据镇政府要求，于2014年4月由电站村进行属地管理，并实行村委会、社区工作站、物业公司、业主委员会、城管、公安司法的“六位一体”综合管理模式。日常管理工作则主要由社区工作站进行。电站花苑社区工作站在实践中开创性地实施了“1+2=5”——1个核心、2个体系、5个目标的社区管理新模式，把电站花苑建设成文明、祥和的幸福家园。

1个核心 就是以党建带社建为核心。

截至2018年，中共电站村党委下设6个党支部，党员128名。电站村通过优化社区党组织设置，把党支部按楼栋区域重新设置，将支部建入楼道，并在社区服务

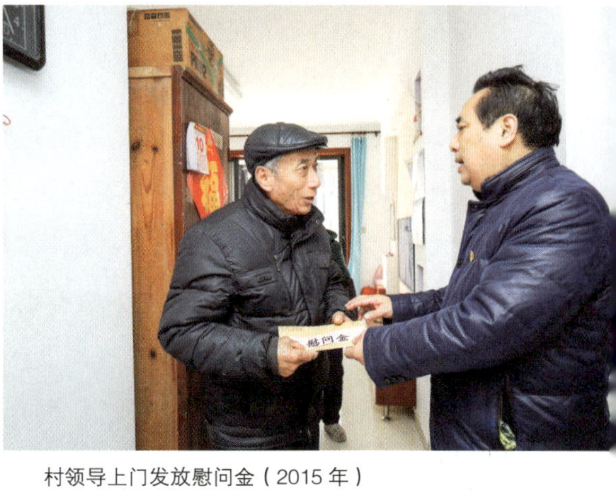

村领导上门发放慰问金（2015年）

中心成立“党员之家”“党员沙龙”，为党员学习、培训、交流提供场所，倾听社区党员群众的呼声，把握社区党员群众的脉搏、意愿和要求，因势利导地向社区党员群众宣传上级党组织的有关精神。“党员沙龙”由几名热心村务的老党员牵头并担任联络员，组织老党员每天一起茶叙闲聊、关注社区管理、居民文明风尚等事务。

2个体系 指社区公共服务和社区居民自治2个体系。

社区公共服务体系 村民集中居住后，刚开始由于社区内未设置便民服务中心，村民办理社保、医保、计生、户口、医疗卫生、物业服务等事务还需要到原村委会，有较多不便。2014年，在电站村民主决策日暨政社互动通报会上，电站村村委会对部分村民代表提出的设立便民服务中心的提案广泛征求了意见。其后，经两委会商量、党员议事联席会多次召开会议并经村民代表大会表决，决定将电站花苑物业用房改建成电站村便民服务中心，建筑面积1000多平方米，设立综合窗口一站式服务，融社区党建、事务受理、劳动保障、民政服务、计生服务、残疾人服务、综治办公等于一体。并开设社区图书室、文体活动室、调解室、医务室、老年活动室、老年日间照料中心、全民健身场所等公共服务设施，以满足社区居民的生活需要。形成以社区服务站、物业公司、日间照料站、文体活动中心等系列为民服务载体。还通过印发便民服务卡、设立楼道公告栏、创建社区微信平台等架起为民服务通道。通过物业公司全天候24小时服务，社区举办老年学校，定期举办健康知识讲座，暑期举办青少年课堂，日间照料中心推出“六个一”服务等活动，为村民提供精细化服务，构建完善的社区公共服务体系。其中电站花苑老年活动室总面积307平方米，内设有棋牌室、电视室、阅览室，书画室、舞蹈室，所有项目对中老年人免费开放，每天有90 ~ 100人在此休闲活动。

2017年3月，开展“以物换物 换出清洁家园”——电站花苑废旧车辆置换大米活动，5月开展文明城市创建，6月开展楼道清理、犬只办证，11月开展可堆肥垃圾分类积分活动。这些活动都得到广大村民的大力支持与热情参与。

2018年，春节期间开展“共建和谐社区 共创安全家园”活动和文明城市创建活动，5月开展楼道、贮藏室、电瓶车乱停放清理活动，6月开展“331”消防安全整治，12月开展楼道整治清理。村民们积极献言献行，全身心投入各项活动之中。

2019年，有3月初的“331”消防安全整治，5月的液化气瓶排查，6月的消防演习，7月的楼道清理、电瓶车充电清理等一系列活动，大家身体力行，为建设“文明家园”贡献自己的力量。

调解现场（2014 年）

社区居民自治体系 2014 年，通过组建业主代表、业主委员会、楼道长、调解员、监督员、志愿者等自治组织形成阶梯式、网格式自治体系。村党委通过设岗定责，要求党员同志带头参与，影响和带动普通群众积极参与。除业主代表、业主委员会这种常规形式，已形成楼道长（网格员）、调解员、监督员、志愿者等较新型的自治形式。

2014 年，社区推荐出业主代表并选举产生业主委员会，再由此推选出 44 名楼道长（网格员），在每个楼道内公布楼道长电话信息，有事楼道长先发现、有问题楼道长先处理，发挥楼道长“宣传员、信息员、调解员”作用。通过发挥楼道长的桥梁作用，让居民更直接地参与社区管理，提高了社区民主自治程度，同时也提高了社区的凝聚力。

2015 年 11 月，社区成立人民调解工作室。由 3 名退休老党员担任社区“老娘舅”，本着“依法调解，以德协商”的调解理念，调解居民与物业之间矛盾、邻里矛盾、家庭矛盾、财产纠纷、人身损害赔偿等各类纠纷，使矛盾不出社区。几年来成功调解大大小小数十起纠纷，被苏州市司法局评为规范化村（社区）调解委员会。

电站花苑调解小组坚持每周一为固定活动日集中学习，2017 年，共计集中活动 46 次，成功调解大小纠纷 34 起。2018 年，电站花苑调解小组集中活动 44 次，成功调解纠纷 11 起。2019 年，全年共计集中活动 40 次，成功调解财产、意外、漏水纠纷 3 起。调解小组 3 名成员深入群众，耐心、细致地做好各项解释工作，为社区工作站、物业公司、居民排忧解难，得到大家的一致好评。

为进一步改善社区工作站和物业公司的工作，社区还邀请（公开招募）居民作为义务监督员，监督工作站和物业的工作，并对其发展与完善提出合理化意见和建议，进一步提升社区管理和服务能力。

通过“三社联动”，组建志愿者队伍，弘扬“友爱互助、进取奉献”的社区文化，推进社会管理创新实践，提升居民幸福指数。

5个目标 即通过“1+2”的努力，最终建设成为“居民自治、管理有序、服务完善、环境优美、文明祥和”的新型农村社区。到2018年，这5个目标已基本实现。

◉ 文明社区

村规民约顺口溜

2014年后，在文明社区的创建过程中，电站村民自创顺口溜式的村规民约，一条一条，既好记又好懂也好做；既有宣传的功能，又有约束的效果。

遵法纪颂党恩 遵纪守法好村民，爱党爱国爱家庭。拥护共产党，听从党领导。开拓加创新，与时一起进。遵纪又守法，爱国也爱家。

崇勤廉扬民主 勤政廉政要谨记，民主议事促和谐。民主自治好，村里大小事，共同来商议。集体做决定，事事讲民主，家家是主角，个个是主人。

勤致富乐奉献 勤劳致富好风尚，敬业奉献需记牢。勤劳致富，争先创优，爱岗敬业，自强不息，乐于奉献。

倡俭约弘家风 勤俭节约家业旺，传承弘扬好家风。勤俭持家好，家和万事兴。传承好家风，弘扬好家训，树立新风尚。

传美德明礼仪 中华美德传千年，忠孝礼义记心间。孝敬父母，善待老人，婆媳融洽，兄弟相亲，夫妻恩爱。家人有伤病，扶老携幼；亲朋有残疾，不离不弃。

反封建拒陋习 反对封建祛迷信，邪黄赌毒人人拒。坚决反对封建迷信，决不参与邪教组织，全力抵制不良行为。

婚丧事倡新风 红白喜事勿铺张，移风易俗倡新风。发扬优良传统，崇尚适度得体。既要尊重习俗，也要树立新风。喜事新办，丧事简办。

邻里好赛金宝 邻里互助来相帮，和睦相处新风尚。邻里和睦相处，彼此以诚相待，互相扶助，共同撑帮。

乐助人扶贫困 热心公益献爱心，扶贫帮困放心间。热心公益事，甘当志愿者。老吾老，幼吾幼，助贫困，扶病残，搀弱者，尽义务。

讲诚信创先进 诚实守信谦礼让，文明家庭户户创。依法办事，诚信做人。知荣辱，识礼节，有事好好做，有话好好说，家家户户争当文明典型模范户。

守公德勿违章 社会公德在心中，杜绝各种不文明。遵守文明规定，践行文明公约，不违章搭建，不私拉电线，勿遛狗扰民，勿损坏绿化。

爱社区莫乱抛 垃圾杂物莫乱抛，和谐社区齐营造。爱护小区环境，保证楼道干净。垃圾杂物分类放，高空抛物切莫要，美丽家园靠大家，文明环境共呵护。

守规约共传诵 持之以恒守规约，乡风文明共传诵。人人遵村规，个个守民约，文明新风代代传，温馨家园日日新。

电站村民文明公约

顺口溜式的村规民约宣传的色彩较浓，具体的可操作性不够强，于是又拟订出相对规范、可操作性强的文明公约。文明公约附设相应的具体细化的百分考核表进行分项分类考核。

垃圾分类知识讲解（2014 年）

一、文明类

1. 遵纪守法，不赌博、不吸毒；

2. 邻里团结、家庭和睦、尊老爱幼；

3. 不高空抛物，不随意丢弃垃圾，各类垃圾要分类投放到专用垃圾箱；

4. 文明饲养宠物（所养犬只需到太仓市公安局办证），注意宠物卫生，不在楼道和公共区域饲养，严格看管防止扰民；

5. 爱护公共设施，小区内禁止露天搭棚、摆酒；不在小区公共区域晒农作物等。

二、环境类

1. 爱护绿化，不在绿化带内架设晾衣架，不在树上晾晒衣物及被褥，不在绿化带内种植蔬菜等，不在绿化带内、草坪上焚烧；

2. 不在公共通道、楼道内、地下车库和贮藏室外堆放杂物；

3. 不在道板上、绿化带内、公共通道、地下车库乱停车辆。

三、安全类

1. 文明装修，不在装修过程中乱敲墙面，特别是烟道、承重墙、承重梁、承重柱等；

2. 不在外墙上安装固定晾衣架、花架和室外防盗窗（建议安装室内隐形防盗窗）等任何形式的附加物；

3. 不在外墙上打孔、开槽或做其他破坏防水层的事，不得将污水管接在雨水井内，不在公共过道打换气孔或其他孔；

4. 对出租的房屋经常进行安全检查，及时发现和排除安全隐患。

文明评比

电站村大力开展“育新人、树新风、建新村”活动，通过开展“文明示范户”“五好文明户”“好媳妇”评选活动，积极引导村民树立先进的思想观念和良好的道德风尚，引导村民建立科学、健康、文明的生活方式，教育村民从一言一行做起，从一点一滴改起，增强文明意识，养成文明习惯。

文明标兵　2005 年起，电站村开展文明示范评比，2006 年度评出最早一批文明标兵，有“文明示范户”王建东家庭，“五好文明户”唐培英家庭、翟惠英家庭、严振秋家庭，“好媳妇”徐菊芬、朱明亚、王培英。

2007 年度评出的文明标兵有“五好文明户”王建东家庭、杨友明家庭，“健康家庭”

严俊家庭、王振康家庭，“平安家庭”唐培英家庭、沈建华家庭（24 组），“好媳妇”王培英、徐菊芬、朱明亚、钱卫芳。

2008 年度评出的文明标兵有“五好文明户”张燕琴家庭、周爱娣家庭，“绿化卫生家庭”苏彩英家庭、王玉莲家庭、顾凤兰家庭，“好媳妇”杨丽芬（3 组）、朱丽珍。

2009 年度评出的文明标兵有“五好文明户”沈建兴家庭、沈建明家庭、冯振良家庭，“好媳妇”徐菊芬、朱明亚。

2014 年度评出的文明标兵有“五好文明户”冯振良家庭，“低碳节能家庭”杨利彬家庭、杨进梅家庭，“好媳妇”朱明亚、钱卫芳。

2015 年度评出的文明标兵为“五星级文明户”。

阳光美地社区 2015 年度“五星级文明户”：周惠清家庭（13 组）、杨仁昌家庭（25 组）。

电站花苑社区 2015 年度“五星级文明户”：沈菊明家庭、杨进梅家庭、杨友明家庭、韩正康家庭、胡雪明家庭、张聚国家庭、王振熙家庭、沈建兴家庭、王丽芬家庭、韩惠根家庭、蔡永明家庭、陆志宏家庭、汪强家庭、杨菊芳家庭、唐建强家庭、马正新家庭、马建明家庭、王振康家庭、冯菊林家庭、钱月明家庭、冯振良家庭、徐为民家庭。

五好之星　2005—2015 年，电站村进行的是文明标兵的评比，每年评出的文明标兵，名目不尽相同，有“文明示范户”“五好文明户”“好媳妇”“健康家庭”“平安家

2014 年度文明标兵表彰（在 2015 年电站花苑迎新春文艺联欢会上）（2015 年）

庭”“绿化卫生家庭”“低碳节能家庭”“五星级文明户”等。2016年起，文明评比工作也有了从形式到内容的规范和创新，这就是电站村文明户“五好之星”的评比。

电站村2016年度“五好之星”获奖名单：

文明之星获得家庭：冯振良、冯菊林、杨友明、沈建兴家庭

和睦之星获得家庭：石雪华、杨仁昌、钱利芳、王振康、王振会家庭

公益之星获得家庭：陆志宏、王振熙、唐培英、杨根林、李鸿喜家庭

环保之星获得家庭：王惠明、韩惠根、王玉良、冯惠良家庭

文体之星获得家庭：杨菊芳、陈月琴、王丽芬、陈建芳、沈双玲家庭

电站村2017年度“五好之星”获奖名单：

文明之星获得家庭：王振熙、陆志宏、杨仁昌家庭

和睦之星获得家庭：王玉萍、钱丽芳、王振会、金健、汪喜坤、钱卫芳家庭

公益之星获得家庭：高觉良、王惠忠、唐培英家庭

环保之星获得家庭：张艳、高英、杨菊芳（1组）家庭

文体之星获得家庭：章九芝、杨菊芳（25组）、陈月琴、王丽芬、陈建芳、沈双玲家庭

电站村2018年度“五好之星”获奖名单：

文明之星获得家庭：王建东、陆志宏家庭

和睦之星获得家庭：朱明亚、严素珍、韩正家、张建强、王玉萍、钱利芳、王振会、钱琴、石雪华、钱卫芳、王丽芬、王红霞、毛玉芬家庭

公益之星获得家庭：王振熙、唐培英家庭

环保之星获得家庭：张艳、戴建忠、周建亚、杨仁昌、朱小燕、唐锦英、杨菊芳（1组）家庭

文体之星获得家庭：章九芝、陈月琴、陈建芳、沈双玲、刘彦兰家庭

首批文明标兵事迹

电站村的文明示范评比是从2005年开始的，2006年度评出了最早一批文明标兵，有“文明示范户”“五好文明户”和“好媳妇”。

2006年度电站村评出的“文明示范户”王建东家庭，“五好文明户”唐培英家庭、翟惠英家庭、严振秋家庭，“好媳妇”徐菊芬、朱明亚、王培英。

文明示范户：王建东家庭

王建东，中共党员，电站村 10 组村民，在电站村工业小区内成立了太仓市新诚船舶装备有限公司。经过几年拼搏，从 3 个人的家庭作坊发展成拥有 2200 平方米现代化厂房及有 50 多个工人的企业。固定资产从初始的 20 万元增至 800 万元，年销售 700 万元，年纳税 100 万元。他优先录用本地的失地农民进入企业工作，解决了部分人员的就业问题。作为电站村个企党员的突出代表，还曾被评为 2005 年度优秀共产党员。

五好文明户：唐培英家庭

唐培英，中共党员，电站村 3 组村民。曾担任村主任、村妇女主任、乡村医生长达 40 年。该家庭尊老爱幼、邻里团结。在组里凡是村民有矛盾，就会找到这位“老主任”要求调解，而她总会不厌其烦地帮助他们解决。不论哪家有困难只要找到她，她都会毫不犹豫地伸出援助之手。已到退休年龄，还在发挥着余热，于 2000 年起开办新毛托儿所，为民服务。每年约有 25 位小朋友进入托儿所，只收取他们些许费用，却大大解决了外来人员的子女没人带的难题。

五好文明户：翟惠英家庭

翟惠英，电站村 13 组村民，双带（带头致富、带动致富）妇女干部。她曾担任电站村 13 组组长 30 年之久，在 13 组村民的心目中有着很高的威信。她担任组长期间，不仅爱岗敬业，努力做好自己的本职工作，还积极带领本组村民共同致富。她带领全组妇女种植果树苗圃 15 亩，以每亩创造价值 1 万元计算，价值 15 万元。她还利用自己掌握的嫁接技术，经常组织大家外出工作，大大增加了本组村民的经济收入。同时，她还是村的护村嫂之一。

五好文明户：严振秋家庭

严振秋，电站村 26 组的老组长，家里有丈夫、年迈的婆婆及 37 岁的癫痫儿子。

严振秋爱岗敬业，自加入护村嫂行列的 2 年时间里，不管天气如何恶劣，总是准时值勤，认真巡逻，发现问题马上处理，不能处理的及时向村领导汇报。在值勤过程中，还不时向私房出租户宣传，要加强防范意识。对于租房人员先看证件，后核对，再登记，以免发生情况后无处查找。2006 年，严振秋被评为先进护村嫂。

严振秋家人同组民相处非常融洽。她还做组民的调解员化解组民之间的纠纷或家庭矛盾，促进组民团结友好。

严振秋的丈夫每天外出务工，家中大小家务全落在严振秋身上。严振秋的婆婆因中风瘫痪在床生活不能自理，照顾婆婆几乎全落在她一人身上。同时儿子 17 岁时因车祸引发癫痫，也需要她看护。虽然在婆婆和儿子身上耗费了她大部分精力，但她和她的丈夫都无怨无悔。

好媳妇：徐菊芬

徐菊芬结婚 27 年，一直与公婆保持良好的关系。2005 年 4 月，徐菊芬的婆婆车祸住院，几个月的时间里，徐菊芬与其小姑子轮流照顾日夜看护，端尿端屎，毫无怨言。甚至为了能让婆婆排便，把手指伸入婆婆的肛门将大便挖出。婆婆老泪纵横地说："好媳妇，真是难为你了！"

徐菊芬担任水厂厂长 5 年来，一直带头遵守作息时间，没有迟到过一次。作为厂长，她还带头去收水费，每月新毛区收水费的任务总是第一个完成。

徐菊芬与邻里的关系非常融洽，不管谁家有困难她都会给予帮助。徐菊芬的这种乐于助人的精神和对待工作认真负责的态度深受组民的喜爱和信任，2006 年全票当选为电站村 8 组组长。

好媳妇：朱明亚

朱明亚，结婚 16 年来一直和邻里保持着良好的关系，待人非常和气，评好媳妇全票通过。

2003 年丈夫杨喜荣的车祸彻底改变了朱明亚的生活，丈夫的 5 次手术用尽了杨家所有积蓄，还欠了不少债务，幸好有村里和企业的帮助，才没有陷入绝境。丈夫手术后并没有痊愈，瘫痪在床且失去语言能力，生活不能自理。几年来朱明亚不离不弃地照顾瘫痪的丈夫，还坚持上班，不要厂里特殊照顾，赢得大家一致称赞。

好媳妇：王培英

王培英爱岗敬业，在杰恩宝食堂上班，负责 300 名工人的饭食，烦琐的工作经常累得她透不过气来，但王培英一直坚持着。

患难见真情，丈夫方永良 1991 年发生车祸被送往医院后，在王培英寸步不离守护下终于在 50 多天后奇迹般地醒了过来，但是留下的后遗症却永远也不能消除。王培英每天要为方永良穿衣、洗脸、擦身，连大小便也要背到厕所帮他解决，每次都累得满头大汗。每逢夏天，为了减少湿疹的发生，王培英坚持定时为丈夫擦身、翻身并且擦上爽身粉。15 年如一日，不辞劳苦、任劳任怨、不离不弃地服侍着丈夫，令人感动。

生活的困难使王培英内心忧郁，但在儿子面前却依然乐观开朗。王培英乐观的生活观影响着儿子，儿子方亮不仅勤奋好学，几年来一直被评为三好学生，而且是个爱好广泛的阳光男孩——校篮球队员、乒乓球队员，参加无锡市业余象棋比赛还获得一等奖。

◉ 民主自治

村民议事联席会 2014 年，为充分发扬基层民主、提高村民自治水平，由村民推选的 30 名党员和村民代表组成村民议事联席会，实行村党委领导、联席会商议、村民代表大会决策的运行机制。村民议事联席会的成立，成功解决了许多村民关注的大事。例如动迁房安置问题、安置房施工问题、便民措施实行问题、失地村民就业问题、居住小区管理问题等。

“六议两公开”工作法 指所有村级重大事项按照“六议两公开”的程序决策、实施。“六议”即党员群众建议、党组织提议、党群议事会参议、“两委会”商议、党员大会（党员代表大会）审议、村民代表会议或村民会议决议；“两公开”指决议公开、实施结果公开。

村民议事联席会会议（2015 年）

2015年起，电站村在以下重大事项中，都较好地贯彻了“六议两公开”的工作法。具体为：每年村建设和发展规划年度工作计划；村民自治章程、村规民约和村务管理制度的修订；村集体土地、房屋等集体资产的发包、出租和流转；村级年度财务预决算、购置或处置集体重要固定资产、村集体10万元(含)以上重大投资或举债；村级经济合作组织经营发展决策的确定及变更、集体经济收益分配方案、集体经济组织产权制度改革；村集体预算开支金额在10万元(含)以上的单项生产性支出和农村道路、桥梁、水利、饮水工程等重大基础设施项目建设，单项预算开支金额在2万元(含)以上的学习考察费、会议费等非生产性支出；村优抚慰问对象的确定，上级转移支付资金、涉农奖补资金和重大救灾救济款物的分配使用；其他事关全体村民或大部分村民切身利益和全村经济社会发展稳定的事。

“泥腿子”监工队 2010年城乡一体化，电站村村民集中居住，安置房质量如何保障，是每户村民都关注的问题。电站村听取各方意见，成立由党员代表和本村能工巧匠9人组成的“泥腿子”监工队，监督安置房的施工质量。“泥腿子”监工队共对现场检查41次，召开座谈会25次，拍摄照片242幅，记录台账52页，期间共发现大小问题39项，确保了整个工程的透明、高效、优质。“泥腿子”监工队还被写入《太仓市政社互动100例》。2013年7月1日，中央电视台12套《社会与法》栏目首播电站村《“泥腿子”监理员》，时长8分钟。

解决村民就业方案 村民集中居住后，完成“三置换”工作，土地全部集中流转，原来的农业收入相对减少，失地农民就业和收入问题矛盾突出。村民议事联席会在村民群众中充分调查，多次与村两委会讨论，最终拿出方案，村成立丰沃合作联社，下设3个专业合作社、2个公司，为失地村民提供就业岗位。同时还开设培训班，加大培训力度，扩大就业岗位，到2016年年底，共安置失地村民250多人就业。

电站村在与入驻电站工业小区企业签约的时候，特别要求优先吸收电站村民进入企业工作。通过这个途径获得就业的村民有2600多人。

“以物换物，换出清洁家园”活动 2013年集中居住后，村民在日常生活中常不自觉地把原有的一些生活方式和不良习惯带进小区，成为小区管理的难题，主要涉及破坏绿化种植蔬菜、高空抛物、乱倒垃圾、宠物扰民、乱停车辆占道、违规安装防盗窗、占用公共通道堆放杂物等问题。针对上述情况，村民议事联席会及时讨论，拿出整改方案，防、疏、堵结合。成立党员志愿者队伍，与业主委员会、楼道长等一起，宣传督促入住村民改变原有的生活习惯。制定小区管理文明公约及考核惩戒制度。村出资收购废旧物品，搞“以物换物，换出清洁家园”活动。2017 年 3 月，在卫生志愿者组织下，社区开展“以物换物，换出美丽家园”的活动（用大米置换废旧车辆）。活动从 3 月 24 日开始，至 7 月置换废旧车辆 330 辆，清理废旧家具 293 件，杂物 38 卡车，有效改善小区卫生环境，纾解小区安全隐患。同时，成立物业公司，全天候保洁。经过一段时间宣传、整治，村民逐步改变陋习，小区环境得到极大改善，小区管理渐趋规范化，村民的文明生活习惯也逐步养成。

乡风文明岗

2014 年起，电站村在全市范围的“百村乡风文明岗”活动中，先后设立多种自治类型的乡风文明岗，成效明显。2016 年，电站村获得苏州市优秀乡风文明岗称号。

勤劳致富岗 后改为共建致富岗，由 6 人组成，带领扶贫大棚种植户科学种植农产品，提供技术指导、销售服务，为群众增收致富开辟新渠道，160 户农户直接受益。

文艺宣传岗 后改为文体活动岗，在村文体活动中心的基础上设立，由 8 人组成，组织带领村民开展各类群众文艺和体育健身活动，增强村民体质，丰富村民精神文化生活。不少人就此离开麻将桌，投身到健康的学习、娱乐活动。

敬老爱心岗 后改为爱心帮扶岗，由 5 人组成，开展养老、助老服务，为军烈属、困难户、贫困户提供各类帮助。主要为孤寡老人和残疾人提供换煤气、打扫卫生、送医送药、送图书上门等公益服务，使这类弱势人群真正感受到村级大家庭的温暖，进一步弘扬敬老爱幼的新风气。

矫正帮教岗 由 6 人组成，做好失足者和刑满释放人员的思想矫正工作，关心他们的工作和生活，帮助解决一些实际困难，使他们树立生活的信心和克服困难的勇气。

护村治安岗 由村联防队和护村嫂 12 人组成，轮流值班，日夜巡逻，通过巡查和监控发现可疑对象立即上报，把平安带给每家每户，为群众的安全生活保驾护航。

法制宣传岗 由 5 人组成，宣传计划生育、社会保障、环境卫生、安全生产等方面的政策方针和法律法规，提供基本的普法咨询服务。

绿化护理岗 由 8 人组成，负责村庄和小区的绿化养护，引导大家爱护树木花卉，不乱砍、乱折、乱攀。定期组织人员整修、施肥、喷药治虫、清除绿化带里的杂草杂物。

环境卫生岗 由 12 人组成，搞好小区内的环境卫生，制止乱倒垃圾、乱涂乱画、污染环境等不文明行为，倡导美丽家园建设，保持居住环境整洁优美。

志愿者队伍

2014 年起，组建 4 支志愿者服务队伍，配合乡风文明岗，成为电站村村民自治的重要民间力量。

照顾孤寡老人志愿者队伍 协助管理老年活动室及老年人日间照料中心工作，组织开展老年人健康讲座、书画沙龙、电脑培训等活动，为老人庆祝生日、欢度重阳、慰问春节，为老人代办相关证件、代交水电费等，在这支志愿者队伍的帮助下，让老人们老有所乐、老有所养、老有所依。在这支志愿者队伍的带领下，社区敬老爱老蔚然成风，2015 年，电站村被太仓市老龄委授予“敬老文明号”荣誉称号。

环境卫生志愿者队伍 负责小区内路面、楼道、绿化的卫生保洁工作，并进行宣传、监督，让居民养成良好的卫生习惯。2018 年，结合“331”消防安全整治、“共建和谐社区、共创安全家园”活动和文明城市创建活动，卫生志愿者与其他志愿者一起，开展电站生态园环境清理与电站花苑楼道整治清理。

文体活动志愿者队伍 为丰富居民文化生活需要，社区组织文体积极分子参加培训，组建电站花苑文体艺术团，在文体艺术团的带领下，社区文体活动蓬勃发展。每次举办文艺联欢会，群众参与性极高，形式也丰富多样，有戏曲、舞蹈、说唱、小品、独唱、大合唱等，为社区营造了浓郁的文化氛围。

扶贫帮困志愿者队伍 通过组织保安、绿化、保洁等技能培训，为就业困难的失地农民解决就业问题。村合作社为有种植能力的困难残疾家庭每户赠送 1 ~ 2 个蔬菜大棚，扶贫帮困志愿者承担新品引进、技术指导、协助销售等配套服务，使困难残疾家庭也走上致富之路。

民主监督

监督机构 2017 年，电站村成立村级监督机构——电站村监督委员会（简称村监委会）。村监委会下设纪律监督、村务公开、民主理财等若干监督小组，村监委会对村民会议和村民代表会议负责。村监委会主任为沈建忠，成员为韩正林、沈建兴、杨友明。村监委会及其成员享有知情权、质询权、审核权、监督权，建议权。村监委会建立了各项工作制度，组织指导培训，开展监督活动。电站村监督委员会成立后，参与涉及电站村经济、民生等诸项活动，进行监督。

监督活动 2018 年 3 月 7 日，电站村老农技站房屋资产招投标，在城厢镇资产交易中心进行，村监委会全程参与招投标过程。2018 年 6 月 25 日，村监委会全程参与在电站村游客接待中心召开的菜篮子工程规划设计工程会。2018 年 8 月 8 日，村监委会参与在城厢镇资产交易中心进行的电站村连栋大棚租赁事项。2018 年 9 月 10 日，村监委会监管了在城厢镇资产交易中心进行的电站村 1#、2#、3# 地块的竞拍发包活动。

2019 年 1 月，电站村毛淡路西侧地块（7.48 亩）、东侧地块（19.71 亩）招租，电站村老农技站 302.4 平方米房屋及东侧地块（26.76 亩）招租，还有毛淡路东侧、秦江门南侧地块招租，村监委会都在招租现场进行了监管。2019 年 2 月，电站村人口疏散基地一线人员安置区工程验收活动，村监委会进行了监管。2019 年 3 月，村监委会监管了高真堂东侧地块（8.02 亩）的招租活动。2019 年 4 月，电站村零星土方工程和土建工程开标，装修工程开标，农庄饭店及设施招租，村监委会进行了监管。2019 年 5 月，监委会成员考察李家桥施工现场。2019 年 6 月，电站村社区服务中心项目开标，电站村净菜生产车间开标，仓储及蔬菜体验馆冷库开标，村监委会进行了监管。同月，电站村监委会和部分村民验收新建李家桥，同时察看村建设中的大卖场工程。2019 年 7 月，仗义泾以南宅基地块（35.63 亩）招租，原电站 3 组宅基地块（17.04 亩）招租，大卖场内部装修项目方案设计开标，村监委会分别进行了监管。2019 年 9 月，人口疏散基地消防工程开标，大卖场电梯开标，内部装修开标，村监委会同样进行了监管。2019 年 10 月，电站老村委房屋 1503 平方米招租，电站村蔬菜产业化示范基地建设暖通工程招标，村监委会分别进行了监管。2019 年 11 月，电站村社区服务中心竣工验收，原电站 6 组地块（15.41 亩）招租，电站花苑剩余储藏室抽签，村监委会分别到场进行了监管。

◉ 法治建设

法治组织 2010 年，中共电站村委员会成立“法治建设示范点”领导小组，由村党委书记负责统一领导部署示范点建设工作，把法治建设列入全村重点工作之中，通过举办各类法治讲座，如“12・4”宪法日讲座、法治型党组织建设讲座、妇女法治维权系列活动等，普及法律知识，建设法治型党组织。开展普法学习活动，通过党员大会、茶话会，观看教育片，组织各种活动，辅以宣传画报、横幅等形式对村民进行法制教育。村里注重加强廉洁文化建设，先后举办“清风进农家”“廉洁文化进电站”等主题文艺晚会，法治建设有序展开。

法治活动 2011 年 8 月 8 日，苏州市在电站村举行“和谐苏州 勤廉乡村”廉洁文化观览点授牌暨廉洁文化观览线启动仪式。电站村建立社区便民法律服务“阳光屋”，成为集驻村（社区）律师工作室、法律援助联系点、法制学校、特殊人群教育帮扶站、人民调解委员会、公证联系点、法律需求社情民意信息反馈中心“七位一体”的一线公共法律服务平台。

2012 年 6 月，电站村开展未成年人思想道德教育活动，主要活动形式有赠送法治图书和观看环保宣传片等。2013 年，在全村开展加强“中国特色社会主义和中国梦”的宣传教育活动、消防知识宣传教育活动、党员群众路线教育动员大会以及文明旅游教育活动。2014 年，电站村开展诚信建设主题教育活动。村里定期组织村民开展家庭读书和全民健身活动，丰富村民的业余文化生活。

2015 年 11 月，电站花苑人民调解工作室建立。工作室有 3 名专职调解员，都是具有深厚群众基础的老党员，陆志宏曾被评为太仓市优秀党员，唐培英曾任电站村的村主任，王振熙具有丰富的法律知识。他们的加入壮大了调解力量，提升了人民调解的知晓率，有效发挥人民调解作为社会“稳定器”的作用，成功调解数十起邻里纠纷。

2017 年年初，电站村与城厢法律服务所钱辉签订服务协议，为村民定期开展学法守法讲座、提供免费法律咨询服务。村民们可以方便地通过电话及时联系到法律顾问，也可以通过法律顾问的邀请加入电站村法润民生微信群，实现线上答疑。电站村定期更换居民感兴趣的法律常识，尽量用通俗的语言帮助村民学习法律知识。

2018 年，投资 30 万元占地 2000 多平方米的电站法治文化园（又称法治文化广场）投入使用。法治文化园整体风格以“中国红”为色彩基调，以勤廉法治文化元素为主线，将生态园已有的环境绿化、设施元素贯穿其中，秉承“寓情于景、润物无声”的设计理念，突出“扬正气、倡勤廉、普法治、促和谐”的主题。法治文化园正中心竖立一块大电子显示屏，播放法治内容的视频。文化园道路两侧设有法治谜语，让游客在猜谜中也能学习到法律知识。旁边两侧宣传栏内容都是通俗易懂的法律知识，加上新建的法治魔方雕塑，营造出浓厚的法治文化氛围。

教育

学校教育 电站村的学校教育可以追溯到新中国成立之前。

仗义小学 1922 年，王耀东创办毛市仗义泾初等小学，公办性质。地址在马头墙杨家东厅。1928 年，仗义泾初等小学迁到 12 组王家宅上课。1934—1937 年，改称仗义泾国民初级小学和仗义泾标准小学。1937—1939 年停办过 2 年，后来迁到 8 组民宅上课。1949 年 5 月，由人民政府接管，称为仗义泾初级小学。1958 年，建立常丰大队后改称为常丰小学。1964 年，何玉英在 1 组、沈秀娥在 10 组办起耕读小学，校数增多。1969 年，连同耕小搬到大队办公室附近，实行七年一贯制，设有初中班。1973 年起，初中班陆续并入新毛中学。1982 年，因常丰村名更动，改称仗义小学。后来学生来源减少，1995 年起班级并入新毛中心小学，学校停办。

电站小学 1950 年秋，赵鋆若创办电站小学，原名陈泾小学，校址在电站 2 组，1965 年迁到 10 组，改名电站小学。1968—1973 年，毛市小学改称电站小学时该小学称电站分校。1995 年起班级并入新毛中心小学，学校停办。

金仓湖小学 2013 年，电站花苑小区建起后，在其北侧配套建起了金仓湖小学，为六年义务制小学，主要招收电站村、东林村、万丰村、新毛社区及金仓湖周边地区的儿童入学。

金仓湖小学（2019 年） 焦桐 摄

技能教育 2006 年，电站村投资 50 万元在电站生态园建起 450 平方米的农民培训中心，有可容纳 200 人的会议大厅。培训中心 2007 年落成。农民培训中心除了为村民提供各种类型的教育培训，还兼具影视戏曲中心、应急会议中心、退役士兵创业实践基地的作用。至 2013 年，组织各类培训数十次，共培训 2800 多人次，有效地提高了村民的文化知识素养和专业技术能力。培训中心还定期组织开展科普宣传培训，推广农业新技术、新品种，使村民能更好地完成农产品的种植与管理工作。

2013 年，电站花苑小区建立图书室、电脑室，部分技能培训转至电站花苑。2015 年 7 月的电脑教育培训，2016 年 5 月的网络实用培训，都在电站花苑进行。还有一些培训，则借与电站花苑相邻的金仓湖小学进行。

至 2019 年，共举办林果、蔬菜、水稻、养殖技术等各种实用技术培训 115 期，培训 8300 人次。建设 22 米长的科普宣传栏，累计展出科普内容 60 多期。图书室拥有图书 4595 册，其中围绕农业增效、农民增收的种植养殖实用技术书籍占 70% 。利用科普活动室、科普宣传栏、图书室、远程教育站点和农民科技培训中心为全村村民及周边村民搭建一个广泛传播科学技术知识和传授劳动技能的有效平台，为他们创造学习培训的良好环境，有效地提高了村民的科技能力，从而保证了种植的优质高产高收益。

健康教育 2007 年 3 月，电站村启动创建国家级卫生村、生态村活动，健康教育被正式提到议事日程，健康教育开始系统化。 2008 年，电站村参加“全国亿万农民健康促进教育活动”，村级健康教育领导小组，以妇女主任为组长，乡村医生、村民代表为成员，积极开展健康教育活动，抓好健康教育的入户率、知晓率和健康教育行为形成率

老年人健康讲堂（2015 年）

的测试工作。巩固健康教育阵地，根据不同的季节出一些常见病、传染病预防知识的黑板报，开展预防艾滋病和性病的健康活动。加强控烟教育，利用各种会议宣传吸烟危害性，村里健全控烟领导小组，村会议室张贴禁烟制度、卫生制度和禁烟标志，村干部带头禁烟，积极争创无吸烟村。

2010年后，集中居住使得健康教育更加方便，也更加多样化和常态化。2015—2019年，结合太仓市人民医院和中医院医生到村里义诊，举行各种健康讲座和医疗普及讲座，有沈炳章医师养生讲座、糖尿病高血压科普讲座、仇丹卫健康讲堂、中医科普讲座等，苏州臻颐堂健康管理公司到村里进行手疗宣传，牙博士到村里义诊并举办牙博士公益课堂，上海科协老师到村里举办食品安全和餐饮安全讲座，还有口腔检查与口腔卫生教育、眼科义诊与用眼卫生宣传等。

安全教育 多样化、持续化是电站村安全教育的特点。而且从孩子抓起，坚持数年，成效明显。集中居住后，村里对安全教育更加重视，安全整治活动也进一步加强。每年进行消防培训、消防演习，暑假进行青少年安全教育和青少年网络安全教育，请专家到电站花苑做防灾减灾知识讲座，请律师来做交通讲座等。2018—2019年，安全教育和安全活动更加多样化，3—5月有“331”专项整治活动、电梯安全知识宣讲，6月有楼道电瓶车和电线专项宣传教育与整治行动，7月有暑期安全教育讲座，11—12月有消防宣传与演练等。

消防演练（2015年）

舞蹈队精彩展现（2014 年）

武术队英姿飒爽（2015 年）

戏曲队一丝不苟（2016 年）

书画队挥毫泼墨（2017 年）

◉ 文体娱乐

文体活动中心 2006 年，电站村投资 85 万元建造全市首家村级文体活动中心。该文体活动中心占地面积 6.5 亩，设有娱乐广场、室外健身苑、室内康复健身室、影视厅、图书室、青少年阅览室、老年活动室、棋牌室等。文体活动中心成为电站村进行精神文明建设的重要阵地，借助这个活动中心，开展各种文体娱乐活动，举办各类乡风文明活动。

文体团队 电站村文体活动中心建立后，先后组建多个群众性的文娱体育团队，有舞龙队、拳操队、扇子舞队、腰鼓队、秧歌队、健身舞队、书画队等多支业余文体队伍，开展一系列文化健身娱乐活动，活跃村民心身，促进乡风文明。各支队伍也常代表电站村出去参加各种比赛，取得良好成绩。

2013 年后，以电站花苑小区为主，在原有的群众文娱体育团体基础上，又有新的发

舞蹈节目《茶香中国》（2019 年）

展。2015 年 5 月，吴式太极拳开班，电站村的中老年太极拳队伍壮大。电站花苑文体队外出参加比赛，腰鼓舞、太极拳都取得好成绩。2016 年 9 月，电站村与雅鹿沪剧团合作成立“电站村曲艺团”，当年成功在村内演出沪剧《雷雨》。2016 年，电站村村民在广场舞的基础上，邀请老年大学的教师开设拉丁舞培训班，组织起一支业余拉丁舞队伍。

2018 年 7 月 31 日，电站花苑文体艺术团参加“迈进新时代　幸福舞起来”太仓市广场舞大赛城厢镇海选比赛，《茶香中国》节目表演富有传统特色，得到一致好评。至 2019 年，电站村形成舞蹈队、武术队、戏曲队、书画队 4 个大类的文体团队，各种活动与比赛频繁。

文体活动　除群众性文娱体育团队的活动，每逢节假日或纪念日，电站村都举办各式各样的群众性文体活动或娱乐活动。

2015 年 1 月，举办全村健身日活动；6 月，举办端午节包粽子活动、广场舞比赛；7 月，举办仲夏夜文体联欢活动；10 月，重阳节文艺联欢会、中老年卡拉 OK 比赛。

2016 年活动更加丰富。元旦和春节期间，“百姓大舞台”才艺展示暨 2016 年迎春联欢会选拔活动、迎新春文化惠民进社区活动、“墨笔书春”写春联送春联活动。春节期间还举办“童言话春”征文活动。元宵节开展“隐语贺春”猜谜活动。5 月，开展“五月靓影”微摄影比赛活动。6 月，开展“忆一段历史佳话，品一枚爱心美粽”端午节系列活动。中秋节到来之际又开展“诗情书中秋 · 浓情乐中秋”系列活动（9 月 8 日书法笔会、9 月 14 日象棋比赛）。在重阳节来临之际组织“迎国庆，乐重阳”系列活动。10 月，戏曲表演唱《共创金色美丽新天堂》在太仓市第九届业余文艺团队“百团大展演”活动中被太仓市文化广电新闻出版局、太仓市民政局评为表演银奖（戏剧曲艺类）。12 月 30 日，举办元旦迎春歌会。

2016 年，电站村先后获得“金仓湖之春”先进集体、“全民健身村”等荣誉称号。举办的“多彩假日 · 我最快乐”树叶粘贴活动荣获 2016 年度“七彩夏日——未成年人暑期系列活动”优秀活动项目。2016 年，电站村参加太仓市文化馆举办的“舞林会友”、市人力资源和社会保障局举办的“郑和卡杯”夕阳红艺术节以及第七届“娄东之春”广场舞比赛，都获得较好成绩。12 月，电站村被太仓市体育局评为全民健身“十佳村（社区）”荣誉称号。

2017 年 1 月，电站村参加 2016“金仓湖之春”文化艺术节，荣获一等奖。春节期间，电站村开展“巧手做花灯　欢乐庆元宵”活动。母亲节开展“感恩母亲节、画出你的美”主题绘画活动。中秋节开展“冰皮巧动手、甜蜜迎中秋”冰皮月饼亲子制作等一系列活动。开设老年大学社区公益课堂。2017 年，电站村全年共计开展各类规模型文体活动 7 次，同时，社区文体队伍积极参加上级举办的各项文艺活动。

2018 年 6 月，在传统佳节端午节到来之际，电站花苑社区青少年开展“端午抒怀”古诗朗诵会；与农村商业银行新毛支行共同举办“悠悠粽香幸福存、满满爱心显真情”包粽子活动。参加活动的志愿者与社区工作人员一起包粽子，包好的粽子分发到日间照料服务站内入托的老人手中。

2018 年 6 月，“不忘初心跟党走”城厢镇庆祝中国共产党成立 97 周年歌咏比赛在市文化馆小剧场举行，电站村的《电站村，我们的“太仓之仓”》合唱获一等奖。9 月，在电

健身日活动（2015 年）

《大地情》演出现场的观众（2015年）

沪剧《星火》剧照1（2019年）

沪剧《星火》剧照2（2019年）

站花苑小区广场上组织套圈圈、打保龄球、夹气球有奖趣味游戏活动，共同庆祝中秋节的到来。元旦、春节期间，各种群众性的迎新文体活动继续保持往年热闹势头，有增无减。

2019年，共计开展形式多样的文化活动50多次。其中，开展联欢活动、戏曲表演7次，开展各类民俗庆祝活动11次，开展未成年人活动22次，开展红色观影2场，开展各类知识讲座10次。12月13日，“忆初心、践使命、求奋进，乡村振兴我先行”开放式主题党日活动在电站村举行，活动在电站村文体艺术团的舞蹈《同唱祖国好》中拉开帷幕。

外来演出 2015年7月，荣文沪剧团在小区演出《大地情》。

2016年1月，由太仓市文化广电新闻出版局主办，太仓市文化馆、太仓市图书馆、太仓博物馆、宋文治艺术馆承办的“2016年迎新春文化惠民进社区”活动在电站花苑小区展开。此次演出节目丰富多彩，有歌曲、舞蹈、小品等，活动深得电站村民的喜爱。8月，电站村邀请沪剧团到村表演大型沪剧《贤惠媳妇》。

2018年9月，电站村组织电站花苑小区内居民在室外广场观看爱国主义电影《战狼2》，邀请太仓雅鹿沪剧团前来演出沪剧《大雷雨》。11月，电站村邀请太仓群贤沪剧团前来演出新创沪剧《疯娘》，电站村民们过了把沪剧瘾。

2019年，为庆祝中华人民共和国成立70周年，电站村策划了“不忘初心、牢记使命”主题教育活动。9月25日，特邀雅鹿沪剧团前来表演大型红色原创沪剧《星火》，献礼新中国70华诞。近千名观众到场观看。

农民文化节

首届农民文化节 电站村首届农民文化节于2006年11月15—19日举行。开幕式上，有电站村村干部合唱《八荣八耻歌》《我们走在大路上》，有江南丝竹、上海说唱、舞蹈、越剧、扇舞、小品等节目，晚上播放露天电影《龙虎门》。16日，拔河比赛、乒乓球比赛两项群众性体育运动将文化节引向高潮，拔河比赛共有22个组参加，乒乓球比赛参赛人员也有62人，观众逾千人。17日，象棋比赛、跳绳比赛。18日，踢毽子比赛、"中心五"扑克比赛。19日，由50名文艺爱好者组成的村文艺队，表演健身舞、太极拳、扇子舞、竹板舞等节目。19日晚的闭幕式，压轴上演了大型现代沪剧《新喜盈门》，在场观众达数千人。

第二届农民文化节 电站村第二届农民文化节于2009年5月6—12日举行，活动项目更多样，民俗色彩更浓郁，群众参与度也更高。表演类节目有鹬蚌相争、荡湖船、打莲湘、滚灯、踩高跷、舞龙、舞狮、腰鼓；竞赛类项目除了常规的棋牌和球类比赛外，还新增垂钓比赛、包粽子比赛；艺术类观看项目除了电影、戏剧外，还有书画展，增添了文化气息。城里的医生则利用文化节的时机到村为村民及企业职工义诊。

2010年后，农民文化节逐步与旅游节融合，内容更丰富，形式更多样，参与度、观赏性、经济效益叠加成电站村的特色项目。

篮球比赛（2007年）

拔河比赛（2019年） 李力 摄

老有所养无后忧，幸福晚年常唠嗑（2019 年）　　赵秋萍　摄

风土民情

锦绣苏南，软侬吴语，地美人秀物产糯。电站村所产的物品，均以软糯见长。

电站村的风俗习惯带着吴地东乡一带的民俗风情，既有太湖流域的共性，又有长江娄水的个性，近现代受海派文化的影响则更偏于沪申风情。

电站村域方言属于吴语方言之太仓方言。

◉ 名特土产

毛芋艿 电站村的特色土产首推“三毛”，即毛芋艿、毛板青、毛豆吉。毛芋艿是大名鼎鼎的新毛芋艿，毛板青是新毛一带产的青蚕豆，毛豆吉是新毛一带产的牛踏扁青毛豆。由于产地都在新毛一带，特别是原来属于新毛镇的电站村域，所以称为“毛”，又因为这 3 个品种在品质上特别优良，无论是毛芋艿、毛板青还是毛豆吉，都以一煮便酥、口感软糯见长，所以远近闻名，“三毛”之名就渐渐地叫开了。

“三毛”中，尤以毛芋艿最突出，历史悠久，名声响亮，是太仓市的一个国家地理标志产品。

芋艿在电站村域的初始种植，具体年代已无从考证，最晚明清时就广有种植。春天下种，秋后收获。有旱芋（白梗芋）、水芋、龙头芋、香蕉芋之分。其中水芋称香子芋，又名红芽芋、紫梗芋，其特点是形状腰圆，皮黑毛多，紫芽紫梗，肉色白净，软滑香糯，酥而不腻，为蔬菜中之佳品，用其制作的“桂花糖芋艿”风味独特。红芽芋主要产地在电站村及周边一带。电站村原属新毛镇，而红芽芋经过改良，品质更佳，故以“新毛芋艿”称之。

2009 年，在开发电站生态园的过程中，电站村创立“电站村生态园”品牌，其中的“新毛芋艿”，成为太仓的传统地方特产。

新毛芋艿种植区（2012 年）

新毛芋艿（块茎）

毛板青

2014 年 6 月，城厢镇农业技术服务站申请的新毛芋艿的国家地理标志，授权给电站村使用。2015 年，电站生态园的新毛芋艿被中国绿色食品发展中心认定为绿色食品 A 级产品，许可使用绿色食品标志。电站生态园的新毛芋艿成为驰名产品。

“电站生态园”品牌新毛芋艿的营养价值很高，既可以当粮食，又可作为蔬菜，是老幼皆宜的滋补佳品，秋补素食一宝。

“电站生态园”品牌新毛芋艿作为太仓地市区的一个重要地方特产，在电站村的种植面积达 60 亩以上。2019 年，年销量 140 吨，收入 150 多万元。

毛板青　毛板青蚕豆系江苏省农特产品，为蚕豆品种中的上品、国家地理标志产品。产于太仓市毛家市（新毛）周围十里之内，当地称“宣公豆”。清宣统《太仓州志》（卷三风土篇之物产）记载:“蚕豆，俗呼寒豆，出双凤镇法轮寺前者佳。近九都陆宣公庙前后出者尤胜，因号宣公豆。”后毛家市渐盛，外地客商均赴毛家市采购，遂以“毛板青”称之。

毛板青色青粒大，板子宽阔，尾有凹痕，肉色白净，味鲜而糯，易酥不腻，百粒重 130 ~ 135 克，比一般品种重 20 克左右。毛板青蚕豆的食用方法较多，除青食，还有煮、氽、炒、蒸、拌、汤等食法，且其皮可入药，故深受群众欢迎。

电站村是毛板青的重点种植地，电站村的土壤条件使得生产出的毛板青品质上佳，深受市场欢迎。

上海市场杂粮店，改革开放前就以毛板青挂牌。老城隍庙五香豆也以毛板青为原料，并远销南洋各地，声誉极佳。毛板青曾多次在全国农业展览会和广交会上展出。

毛板青除在上海、苏州等城市内销外，太仓罐头食品厂生产的毛板青蚕豆罐头外销东南亚。

毛豆吉 太仓市国家地理标志产品。

毛豆吉是黄豆青荚时的太仓方言称呼。毛豆吉就是毛豆荚，因“荚”与“吉”谐音，称毛豆吉有吉祥如意、万事顺心的含义。

太仓毛豆吉较有特色的有 4 种：大水白、大蒜黄、八月王、牛踏扁，其中以牛踏扁最著名。

《太仓年鉴（2016）》载:（牛踏扁毛豆吉）种植历史悠久，是受群众欢迎的传统青食良种。其荚形大，粒扁平（似被牛踏过，故有此称），皮青色，味鲜洁，口感糯，晚熟。产品以毛豆形式销售，主要销往上海、苏州等地。

毛豆吉

若牛踏扁易地而种，长出的豆就会面目全非，不是颗粒不大，就是味道不佳。为探究原因，20 世纪 80 年代中期，南京农业大学的一些师生来到太仓，对土壤进行化验，发现太仓农村（尤其是新毛一带）的土壤富含钼，而其他地区钼的含量微乎其微。钼是所有豆科植物生长最需要的元素，所以新毛电站村一带的牛踏扁长得好。

其他名优产品

蜜梨 电站村优质蜜梨——翠冠梨，人称“六月雪”，果实近圆形，个大，皮薄，肉白，质细，果心小，汁液多，口感脆嫩，味甘甜，无渣，品质上等。富含多种维生素和钙、磷、铁等微量元素，营养价值高，是盛夏解暑止渴的时令佳品，有清心、润肺、降火、生津、润燥、清热、化痰等功效。电站翠冠梨是电站村的招牌产品之一。翠冠梨

电站翠冠梨

夏黑葡萄

电站香瓜（玉茹甜瓜）

电站西瓜（早春红玉）

7 月中旬可以采摘。

2018 年 7 月，农业农村部公布第八批全国“一村一品”示范村镇，电站村（翠冠梨）榜上有名，是太仓市唯一获得此殊荣的村。

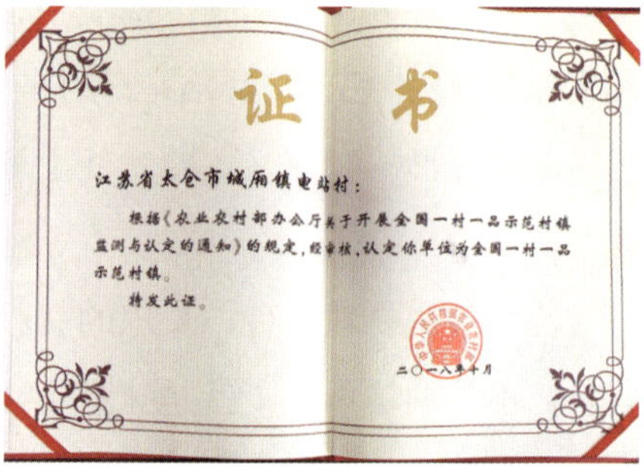

证书

江苏省太仓市城厢镇电站村：

根据《农业农村部办公厅关于开展全国一村一品示范村镇监测与认定的通知》的规定，经审核，认定你单位为全国一村一品示范村镇。

特发此证。

二〇一八年十月

2018 年获评国家级“一村一品”示范村

葡萄 电站村有夏黑、红巴拉多、巨玫瑰、维多利亚、美人指、红罗莎、白罗莎、巨峰、黄蜜、醉金香等十余个优质葡萄品种。“电站生态园”品牌葡萄连续多年通过绿色食品认证，在各大型葡萄比赛中多次获得金奖。葡萄的采摘期因品种而异，早熟品种 6 月即可上市，晚熟品种则要到 8 月以后才上市。

电站葡萄以夏黑为最优。夏黑葡萄，欧美杂交种，系日本巨峰后代，1998 年引入国内。电站村于 2009 年引种，成熟期在 7 月中下旬，大棚栽培的可更早。无核，高糖低酸，香味浓郁，肉质细脆，硬度中等，甜酸可口，皮紧附果肉，食用时可不吐皮。

香瓜 电站香瓜以春夏之季的玉茹甜瓜为代表，是众多瓜果中的优良品种，为 A 级绿色食品。2008 年从上海南汇引进，果皮呈白色，表面光滑或有稀少网纹，瓜肉翠绿，瓤厚汁丰。不仅香味浓郁、美味多汁，而且糯沙蜜甜、肉嫩爽口。玉茹甜瓜 5 月中旬开始采摘。

西瓜 红瓤小西瓜代表——早春红玉，是杂交一代极早熟小型红瓤西瓜，是从日本引进的特早熟小型杂交一代西瓜新品种，电站村于 2008 年从上海转引进。红玉西瓜长椭圆形，绿底条纹清晰，果皮薄，瓤色鲜红，肉质脆嫩爽口，保鲜时间长。早春红玉西瓜甘甜多汁，既能祛暑热烦渴，又有很好的利尿功效，采摘期始于 5 月中旬。电站西瓜是国家 A 级绿色食品。

草莓 电站生态园草莓基地 2016 年培育的新品种草莓“桃熏”，色粉白，口感香甜，有一股桃子味。电站生态园大棚草莓 12 月即可采摘，露地草莓的采摘旺季是 4—5 月。

电站桃熏草莓

桑葚 电站桑葚是黑桑葚，长圆形，颗粒饱满，个大、肉厚、色紫红、质油润，酸甜适口。富含蛋白质、氨基酸、总糖、游离酸、粗纤维、维生素、矿物质等多种成分，具有较高的营养价值。5 月即可采摘。

电站黑桑葚

枇杷 电站枇杷是白玉品种，生态种植，甜度能达到 15.9 度，为枇杷中佳品。果皮金黄，肉色雪白，甜中带酸，清爽可口。5 月上旬采摘。

黄桃 又称黄肉桃，因肉为黄色而得名。软中带硬，甜多酸少，有香气，水分中等，含有丰富的抗氧化剂、膳食纤维，硒、锌等含量明显高于其他水果。电站黄桃成熟期，早黄桃在 6 月下旬，晚黄桃在 8 月初。

电站黄桃

小番茄 电站小番茄主要指黑番茄，原产南美洲，是番茄家族的珍品。黑番茄因果色和果实均为红黑色而得名。果实具有浓郁的水果香味，口感酸甜适度，营养价值高，特别适合鲜食。电站黑番茄的采摘期与种植期相关联（早种早摘、晚种晚摘），通常 6 月下旬到 7 月初可采摘。另有樱桃番茄，品质也上佳。

电站小番茄

电站蓝莓

电站小南瓜

电站猕猴桃

蓝莓 2016 年引种。原产美洲，属高氨基酸、高锌、高钙、高铁、高铜、高维生素的营养果品。电站蓝莓品质优良，5 月下旬可采摘。

小南瓜 电站村的红双喜南瓜，个头小巧，香甜软糯。2017 年开始种植的明星贝贝小南瓜，粉糯、细腻、香甜，有新鲜板栗的清香，还有巧克力般的酥软香滑，口感极佳。小南瓜 5 月份少量可采摘，6 月中下旬大批量采摘。

火龙果 火龙果的花类似昙花，相当漂亮，有观赏价值。电站村于 2014 年引进种植于温室大棚，有观赏与食用两种效用。电站村红心火龙果 7 月下旬可采摘。

猕猴桃 红心猕猴桃属中华猕猴桃中的红肉猕猴桃变种，品质优良，是一种兼食用与药用为一体的水果。电站村 2016 年引种成功。红心猕猴桃果肉细嫩，香气浓郁，口感香甜清爽，酸度极低，营养丰富。电站村种植的猕猴桃，除红心猕猴桃，还有徐香猕猴桃，通常 8 月下旬可采摘。

玉米 电站村的土质非常适合糯性作物的种植。2010 年电站村引种美国 1 号水果玉米（黄色），2013 年电站村引种珍珠糯玉米（黑色），2018 年电站村引种冰糖牛奶玉米（白色），从而形成黄、黑、白三色糯玉米，兼具香、糯、甜、软多重特点，营养价值是普通玉米的 5 ~ 10 倍，因符合天然、粗食的饮食理念而受到广大消费者和游客的青睐。

大米 电站村精选南粳 46 号优良品种，从播种、插秧、收割、运输到低温烘干、精米加工等，全程严格遵照食品标准生产。米粒饱满、米色均匀，用它煮出的米饭饭香四溢、晶莹剔透、柔软滑润、富有弹性。

草鸡和草鸡蛋 草鸡常年散养于电站村桃花岛养殖园的桃树林里，以小麦、玉米、青草等喂养为主，捕食林间虫子为辅。草鸡的饲养周期长、毛色光亮、体型结实，其肉

水果玉米

黑珍珠糯玉米

冰糖牛奶玉米

质细滑、味道鲜美、营养丰富。电站草鸡蛋是由散养在生态环境下的草鸡所生的蛋。两者是电站农庄土鸡佳肴的主打食材，深受游客喜爱。

肉松骨头 选用猪前后腿筒骨，采用独特配方，并配有多种食用香料精心烹制而成。产品香甜可口，既有肉松的香味又有肉松骨头独特的味道，是馈赠亲友的上等佳品。

爊鸡和酱鸭 为太仓传统产品，电站爊鸡和电站酱鸭选用优质鸡鸭为原料，配以多种食用香料精心烹制而成。肉质鲜美，酥而不烂，香味浓郁，回味无穷。

生态黄酒 2007 年开始生产，采用久负盛名的江南水乡“香糯”（糯米的一种）为原料，以传统手工技术与现代科技相结合加工酿造而成。酒精浓度低，适宜各类人群饮用。幽香浓郁，黏甜醇厚，含有人体必需的多种氨基酸，具有很高的营养价值。由于产量有限，只在电站村农产品销售中心出售。

农家美食

“三毛”特色菜

葱烧芋艿 香葱油爆（最好用猪油）后放入预先煮熟去皮的芋艿，加高汤，烧至烂酥，不放酱油只放盐，起锅后撒蒜叶。口感香糯，滑而不腻。重口味者可适当加花椒粉等调料。

葱烧芋艿

桂花糖芋艿

芋艿豆腐汤

桂花糖芋艿 去皮芋艿放水（水要盖过芋艿）烧酥，加入冰糖，待冰糖化了，起锅加桂花蜜即可。

芋艿豆腐汤 豆腐切小块用开水汆一下捞出备用，芋艿去皮切成粗丝，长江白虾洗净备用。先起油锅翻炒虾，加葱姜料酒，色变盛出。另以小锅（砂锅为佳）倒适量水，放入虾、芋艿丝，大火煮开，撇去浮沫，小火炖至芋艿丝酥，加入豆腐块煮开。最后加盐、胡椒粉（或花椒粉）、鸡精、香油（或辣油）等调料。吃前再撒切细的蒜叶或香菜。

另外，电站毛芋艿与肉类同煮，也是很好的搭配。菜品有走油肉夹芋艿、芋艿蒸排骨、咸肉笃芋艿、芋艿老鸭汤等。

葱油蚕豆 新鲜嫩蚕豆，一定要现剥现烧，早剥则皮老。香葱切丝以油爆炒，加剥好的蚕豆入锅翻炒，加水、盐和糖焖烧至水干豆酥，稍加鸡精、香油起锅，喷香酥爽。如做成蒜香蚕豆，仅需要把葱换成蒜即可。

蚕豆酥 做蚕豆酥的蚕豆不能用嫩蚕豆，一定要用蚕豆头上有“黑痣”的半老青蚕豆，剥壳去皮后备用，不必洗。其他做法类似葱油蚕豆。此菜为太仓百姓所喜爱，与泡饭、咸蛋搭配食用，为初夏佳品。

蚕豆鲚鱼饼 此菜为太仓一带晚春初夏所特有。嫩蚕豆（不去皮）或半嫩青蚕豆（去皮），嫩笋切片，长江小鲚鱼去头与脊骨，加黄酒葱姜，以手工剁细剁烂后做成小月饼状备用，若要起稠，可稍加盐。起油镬，煎鱼饼，煎成两面黄，再适量加黄酒煮开，然后加入蚕豆、笋片，加水，加上等酱油、白糖或冰糖（糖可晚加），大火煮开后改小火煨，待豆酥饼松，淋香油起锅。

雪菜蚕豆笋丝蛋花汤 蚕豆是毛板青，雪菜须用当地雪里蕻自制的，笋也要用自产的哺鸡笋，蛋是桃花岛的土鸡蛋。这几样东西煮成的汤，青、绿、黄俱全，清、酸、爽兼备，极开胃。煮时不必起油镬，盛起时滴几滴香油即可。

素蟹脚 素蟹脚即清水毛豆吉，因毛豆吉状如蟹脚而得名。毛豆吉剪去两尖端，用清水煮，只加盐，其余什么都不用加。就取其纯粹之态，碧绿、清爽、脆嫩。

毛豆炒虾仁 青毛豆去荚壳，虾仁以前用河虾做，因河虾价高仁小，故常以海虾代之，海虾又常以冰冻海虾仁化开后备用。毛豆煮半酥，虾仁以葱姜酒与少量水淀粉拌之，烧热油镬爆好，再下带汤毛豆共煮片刻，可稍勾芡使汁略稠，淋上香油即可起锅。可以单毛豆虾仁两料，也可增加辅料，青椒、春笋、黑木耳诸物均可入内。

毛豆子炒咸菜 电站村民烧菜求简朴不求花式，所以常只用毛豆子和酸咸菜两主料，便能做出夏令清爽可口的下饭菜。若要讲究花样变化，则可加青椒、肉末，做成酸菜肉末炒毛豆。

长生果毛豆吉 长生果（花生）寓长寿且多子，毛豆吉寓吉祥顺遂、万事如意，两者合为一菜，则寓福寿同在、吉祥如意、子孙满堂。嫩花生加青毛豆同煮，都不去壳，也只加清盐，至多加一点茴香。力求原汁原味。把长生果、毛豆吉、芋艿、番芋四样同煮，寓意四喜同堂，大吉大利。

招牌农家菜

电站农庄为三星级农家乐饭店，2016 年获江苏省乡村美食大赛银奖。

生态鱼头 用电站村自产的花鲢鱼头，两面煎黄后煮成奶白式的鱼头汤。花鲢鱼头需选鱼重超过 2.5 千克的，这样切下的鱼头在 1.5 千克以上。将鱼头洗净劈开，轻盐黄酒（黄酒用电站村自酿的生态黄酒）渍半小时左右。烧热油，下葱、姜爆锅后，煎鱼头，两面煎黄，加黄酒，再加水，水要淹没鱼头的大半，再加适量盐。鱼汤中加的辅料可因食客而异，酸菜、笋、菌菇等均可，偏酸偏辣亦随意，辅料与水同加入。急火煮开后慢火炖二三十分钟，直至汤色奶白，香味四溢。

生态鱼头

河中鲜

河中鲜 精选电站村河塘野鲫鱼（条重 150 ~ 250 克）、昂刺鱼（条重 150 ~ 250 克）、川条鱼（条重 100 克左右）若干条（也可不用），另加河虾适量。鲫鱼预煎过，川条鱼轻油炸过，河虾轻油拉红，昂刺鱼以轻盐淀粉渍过以去掉滑腻黏液。起油锅加葱姜干椒煸一下后，把备好的鱼虾入锅，加适量生抽，少量白糖，足量的水，烧开后转文火烧 10 分钟，收汁淋蚝油。此菜味道鲜美，按电站方言是“鲜得眼眉毛都落忒了”。

葱油桃花鸡 所用土鸡系电站村桃花岛自产的散养鸡。做法简单，活杀鸡以开水烫熟切块，浇上滚烫熬制的葱油即成，吃时蘸食专门调制的作料。此菜要诀是个“烫”字，要在开水中烫成八九分熟，鸡肉全部变白不见红，更无血水，此时绝嫩绝鲜。如果烫得不足，则带血腥气；如果烫过头了，鸡肉会变老。

大灶土鹅 用电站村自养的土鹅为原料，切块氽水后捞出，装入铁镬子，加葱姜、黄酒、酱油、秘制香料、适量白糖，文火慢煨 1 小时以上。

白切咸肉 五花肉三肥三瘦，以焙炒喷香的花椒细盐掺高度白酒反复揉擦入肉，腌四五天后，从盐卤水中捞出，风干水分，再入盐卤水泡一天，再阴干（仅表面干），然后加葱姜等上屉笼蒸熟，切成大块，肥而不腻，鲜而不咸，极为可口。此菜似极简单，

葱油桃花鸡

大灶土鹅

白切咸肉

九香肉

但有两点必须到位：肉质一定要好，须自养生长周期充分的黑毛猪才是最佳的，膘厚无异味；轻盐腌渍，电站方言称“暴腌”，不可腌过头，也不能太咸。

九香肉 选用电站村自养黑毛猪三肥三瘦的五花肉，切成长方块，焯水，以山楂、八角、葱姜、白酒、生抽等预渍1小时以上，然后置烧锅中，加足量电站自产黄酒，适量老抽，足量黄冰糖，慢煨2小时以上，水分将干，肉色鲜红、肥膘发亮、瘦肉烂酥，便可起锅装盘。比常规红烧肉更加肥美香甜，入口即化。

黄瓜烧河虾（生态河虾） 黄瓜是电站村自种的无公害黄瓜，河虾是电站村河里自产的生态虾。此菜有两种烧法。一种烧法是配老黄瓜红烧。河虾经轻油拉过后加去皮切成滚刀块的老黄瓜，加一定量的老抽和白糖，文火烧到黄瓜酥烂为止，虾香瓜酥，甜咸适口。另一种烧法是配嫩黄瓜清炒。嫩黄瓜不必去皮，也不必切成滚刀块，切成长条状即可。虾不过油，轻油翻红，即下瓜条，只用生抽，少放糖，急火旺烧片刻。虾嫩瓜脆，口感甚佳。

冰山六月黄（冰镇河蟹） 取当地出产的“六月黄”河蟹，用紫苏蒸熟后冰镇，形成冰山河蟹造型，佐以电站生态园黄酒，别有风味。

大丰收（土产拼盘） 所含农产品都是电站村自种的绿色菜蔬，以玉米、藕、毛豆、番芋、芋艿为底，上垒迷你小南瓜，寓五谷丰登之意，既好吃又吉祥。玉米、藕切成片状，毛豆带荚，番芋、芋艿不宜大，同煮后装盘，或者装盘后同蒸。

生态河虾

冰山六月黄

大丰收

荠菜笋丝豆腐羹

小南瓜单独蒸，蒸好后垒于 5 样菜蔬之上。吃时可备好盛有酱油、盐、白糖的小碟供食客选蘸。

荠菜笋丝豆腐羹 原料为江南野生荠菜，江南农村哺鸡笋，太仓牛踏扁豆制成的农家豆腐。荠菜切碎，笋切成细丝，豆腐切成长条状，以香菇丁和火腿丁佐之，加高汤勾芡煮成，淋香油出锅。

◉ 生产习俗

农事节序 立春大地回暖，万物起生，开始备耕。雨水水门开，“寸麦不怕尺水，尺麦怕寸水”，开沟理墒，排水畅通。惊蛰一声雷，百虫出洞，万物从生，松土除草。春分一到，看苗追肥。芋艿落种。清明断雪，种瓜种豆。梨桃等林果多进入盛花期。谷雨断霜，棉花落种。立夏前后，早稻催芽落谷。俗语：“吃着青蚕豆，一日忙到头。”早甜瓜开始采摘。小满三朝，割元麦，收菜籽。芒种开镰割小麦。谚语：“刚看黄梅麦起身，芒种来到割小麦。”夏至莳秧正当时，棉田管理也适时。小暑水稻耘耥，追肥促发棵。大暑不搁稻，秋后喊噢老（后悔）。桃、梨、葡萄等上市。处暑见新花，开始摘棉花。白露白迷迷，秋分稻秀齐。芋艿开始收获。寒露、霜降开始收割水稻。俗语：“寒露无青稻，霜降一伏（齐）倒。”蚕豆落种。立冬勿留客，回去快种麦，播种三麦搬油菜。小雪、大雪稻上场，户户脱粒忙。冬至、小寒牵砻碓米忙。大寒到，农家拍麦压麦施腊肥。

此是旧俗，现时则有很大变化。现代农业改变了种植品种与种植方式，也改变了管理与收获方式。例如棉花原来是主要的经济作物，曾经 30% 的农田种植棉花，但是进入 21 世纪，电站生态园林果种植成为主导后，不再种植棉花。原来种植完全按季节进行，早不得晚不得，有了大棚以后，种植的时间跨度就变得有弹性，而且原来不能种植的热带作物，如火龙果，也能种植，大大拓展了种植的时间与空间。

莳秧 夏至前后，水稻秧苗移栽，就是插秧，电站村当地话叫“莳秧”。莳秧既要讲速度，更要讲质量。扦插深浅要适度，插得太深，“转青”慢；太浅，会“汆苗”（根生不牢）。要横里六棵排齐，竖里前后对直，便于耘耥施肥。旧时十三四岁的女孩就学莳秧。俗语云：“莳秧不会看上沓（排）”，其手势和技巧不靠教，全靠练。莳秧比赛是青年妇女展示技艺的生动表演，其动作犹如蜻蜓点水，50 多米长的一沓（排）秧能不直身子，一气完成。为抢季节，莳秧风雨无阻，雨天穿蓑衣戴箬帽照常进行。2000 年后，手工插秧只用于边角地块，平整土地基本实现机插或直播。

建房 旧时新建房屋的人家，在破土动工前，要先请风水先生“看风水”，择吉日。建造新房开工之后，东家每天要用鱼肉酒菜招待工匠，每次用餐时的座位，工匠的作头师傅的座位固定不变。寓意让所造的房屋牢固不动。

上梁之日，亲友送馒头、糕点、鸡、鱼、肉等礼物。东家在正梁贴上写有“三星高照”等语的红纸，并将一个储有粮米的青布袋和“发禄”、万年青系在梁上，称“代代青”。上梁时，鞭炮齐鸣，并由工匠登梁说一番吉利话，在上面撒花生、糕点或糖果，称为“抛梁”。木匠站在梁上高唱“脚踏扶梯步步高”，泥水匠则在下面应和“手攀花树采仙桃”等好口彩。正梁中间贴上“福、禄、寿”3个大红字，左右正柱上贴红对联，俗称“赏红”。东家要发喜钱。晚上，宴请宾客和工匠，称吃“竖屋酒”，款待匠人及亲朋，又称“待匠酒”，规格不逊于办喜事。

新房建造好，东家择良辰吉日，再宴请亲朋好友，娘舅家馈赠一篮团子、八蒸糕、两根甘蔗、两根青竹（留有竹叶）、淘箩、竹篮、碗、盆、筷子等物品，东家则把娘舅家送的部分糕团等礼品分赠给乡邻、亲戚，东家还要在家备进宅酒席。

这些建房习俗延续至今，且大同小异。集中居住后，仅在少数自拆迁自建房中保留此俗。

生活习俗

服饰 旧时电站村域农民的穿着多为短打，且大多是自织、自染的棉花土布，唯男婚女嫁时才可能男穿长衫女穿裙，衣料才可能是绸缎的。特色服饰有女子的兜头巾（包头布）、男子的作裙。用自织自染的蓝花布作成兜头巾，是水乡妇女的普遍穿戴特点。与此相配合的衣服，也可以是蓝花布的，也可以不是，但通常以大襟的为主。男子的作裙，源于古代的“裳”，所谓上衣下裳，裳是裙服，男女均可穿，当然式样有别。旧时男子的作裙，已不作为裤子穿，而只是围在裤子外面的一条既起装饰作用又有实用性的围单。它通常用青布白线缝制，腰宽半尺，腰围叠褶，裙长过膝，后面开襟，腰胯两边用白线绣上各种素雅美丽的图案，或珍禽异兽，或梅兰竹菊，或其他花卉，最常见的是迷宫般的格子图案，裙腰后面开襟处缀有两根布带，穿着时两带交叉围到腰前打一个蝴蝶结。作裙看似裙子，穿似围单。不同的是，男子着裙多在春秋和冬季，通常穿在秋冬衣服外面，除御寒挡尘，还是不离身的“工具服”。男人们上街，青布裙往上一撩，再往腰一掺，就可以兜放各种物品。民谣曰："哥哥送奴兜头巾，妹妹要赠青布裙。针针线线寄相思，灯下绣裙到天明。"可见女子的兜头巾与男子的青布裙（作裙），在电站村服饰中的重要意义。

新中国成立后，男女服饰都随时代发展而变迁。进入21世纪，电站村民的服饰则完全跟上时代潮流，与太仓、苏州、上海接轨了。

饮食

馄饨 吴地民俗，喜食馄饨，馄饨的重要性，不逊于北方的饺子。电站村民亦如此，平时常食馄饨，农闲或雨天不出工时，割一刀腿肉，挑一篮荠菜（或鸡毛菜），剁成馅包馄饨吃。几个重要节日，更少不了馄饨。除夕中午要吃馄饨，称为"兜财"，有的年初一中午还吃，让财兜得堆起来。这两天买馄饨皮的人排成长队。元宵节中午也要吃馄饨，晚上才吃汤圆。中秋节的晚上必吃月饼，中午也有吃馄饨的。一年到头，吃馄饨的日子越来越多。馄饨的馅也趋多样化，最常规的是荠菜猪肉馅，还有芹菜猪肉馅、白菜猪肉馅、香菇菜肉馅、蟹肉馅、虾肉馅、素馅等。吃法也有变化，汤馄饨是常态，还有干蘸馄饨、油煎馄饨等。

汤圆（团子） 电站村民喜爱的食物。年初一早上，必吃汤圆，而且不能光吃有馅的，还必须吃无馅的元宵，称为"百岁圆"，据说吃了可以长命百岁。小团子煮在酒酿汤里，称酒酿小团子，吃时加点桂花蜜，又香又甜。元宵节也必吃团子，寓团团圆圆之意。春天里，则要吃青团子。清明节前后民间习惯用苋菜捣汁，掺和米粉做成青团子，

帮教包馄饨（2015年） 电站村 提供

内包荠菜肉馅，以示春天青绿气息，生机勃勃。团子的馅与馄饨的馅一样，也是多样化的，但馄饨没有甜馅，团子则有好多甜馅，有芝麻的、枣泥的、豆沙的、紫苏的等。

糕 电站村民必吃的食物，有年糕、撑腰糕、重阳糕之分。

腊月蒸年糕，老式的三眼灶上，“花萁”（棉花梗）火烧得旺旺的，大屉笼子上蒸糕，有红糖的，有白糖的，有猪油白糖的，有夹蜜枣的，一般是七分糯米三分粳米，这样蒸出的糕软硬适度。新年期间吃不完的就晒起来，晒干的年糕可以一直放到夏季农忙时吃，耐饥。旧时农村穷，这是个好办法。所以腊月蒸糕，每家都要蒸好多。现时经济条件好了，年糕就蒸得少了，很少再有存到夏天的。

太仓民间有“二月二吃撑腰糕”的节令食俗，电站村域也有此俗。

重阳糕也称菊糕、花糕、五色糕。旧时电站村民基本家家都要蒸重阳糕，也有到店铺买的。现时条件好，很少自己动手蒸，大多到店家买。

春卷 立春吃春卷是电站村人的一个传统习俗。旧时面皮与馅料都是自己做，现时面皮一般有专门卖的，自己只要准备馅料。馅料咸的不外乎肉丝、肉皮、白菜、干丝、木耳、韭黄等类，都要切成细长条状且要预先加作料煮熟（韭黄不可预煮），甜的则以豆沙、果仁为主。包裹好后油煎或油炸都行。吃时可蘸酱、醋或辛辣之粉。民间除供自家食用外，常用于待客。

其他 初夏时节，新麦上场，农家抽麦芽磨粉，拌入适量米粉混合做成麦芽塌饼，包进豆沙馅，用铁锅文火煎熟，使塌饼色呈黄色，食之香甜软糯，称“麦芽饼”。也有用草头和米粉混合揉成塌饼的，别具风味，称“草头饼”。夏季里，村民常和面发酵，做油炸面绳、麻叶、角翅招待客人。

中秋节，电站村人都要吃桂花糖芋艿，就是将芋头去皮切片，然后加入红糖和木樨花（桂花）烧煮，吃起来又香又甜，十分可口。另有在八月十五喝桂花酒的习俗。人们自己用糯米酿成米酒，当地人称作“老白坛”，然后放入桂花，喝起来香气扑鼻。

十月后，农户家家蒸芋艿、番芋佐食，煮慈姑、荸荠佐餐。冬至腊月间，农家忙着杀猪、宰羊，腌制腊肉。现时不再自己屠宰，但腌制腊肉香肠之俗仍流行。

居住 旧时电站村域农户的住房一般为砖木结构的平房，黛瓦粉墙，类似北方的四合院但较简易。典型的民居坐北朝东南，门前是空场，可扬晒稻麦等，屋后为竹园，竹园通河边，有水桥。进大门，单侧或两侧有厢房，正中三间，中为客堂，两侧为房间。条件差一点的，没有砖砌围墙，则以竹篱或荆条围拦。客堂置八仙桌与椅凳等。通行亮客堂暗房间，客堂有大扇的窗，房间则只有小窗或天窗。房间有屏风床，俗称“翻显”

（音）床，由床架支撑顶棚，两侧饰有雕花床框，配有床板或棕绷，终年挂帐子。床前有踏板，床下有抽屉。床边备有梳妆台、椅凳等，床侧有箱橱箱笼等，床的壁角则置马桶。灶间置侧厢，砌有两眼或三眼灶，分别置 2 只或 3 只铁锅，铁锅内侧有汤罐（较深的小铁罐），外侧有“发禄”（小铁锅），灶壁上画有灶王爷像。

新中国成立后，五六十年代仍以平房为主，70 年代后兴起建楼房，多为兵营式的两层楼。改革开放后，出现别墅式的民居。2010 年后，电站村开始实行集中居住模式，村民绝大多数搬进高层或多层住宅楼。

岁时习俗

春节 农历正月初一为春节，也称大年初一，是太仓民间也是电站村民最隆重盛大的传统节日。节前数日要做许多准备工作。民谣云：“二十三送灶，二十四掸灰，二十五牵磨，二十六蒸糕，二十八过年节，二十九、三十日等过年。”“腊月二十四，掸尘扫房子”因“尘”与“陈”谐音，扫尘有“除陈布新”的含义，其用意是要把一切穷运、晦气统统扫出门。还要洗澡、理发、修指甲，里里外外焕然一新，表示辞旧迎新。

初一从零时开始，家家都争放爆竹，以辞旧迎新。清早开门还要放爆竹，称“开门爆仗”。男女老幼穿新衣。部分村民赴寺观进香拜佛叩道、争烧头香以求好运。早餐，合家吃团子，有馅的大团子，无馅的小团子，小团子必不可少，称“百岁圆”，吃了寓意可以长命百岁。小孩给长辈拜年，长辈要给红包（压岁钱）。亲友见面，互道“恭喜”“恭贺新喜”。全天不开火，不汲水，不扫地。商店休业。

是日，还有上门跳加官、跳乌龟（或跳钟馗）、调狮子、调龙灯，东家均得发“喜钿”。

新中国成立后，过年节的许多烦琐礼仪和种种忌讳被大大简化或革除。尚存的有“掸烟尘”“蒸糕”“吃年夜饭”“贴春联”“守岁”“开门爆仗”“拜年”“给压岁钱”等。拜年除保留原有传统，新增了村领导在节前给军属、退休干部、鳏寡孤独老人拜年，并馈赠年货水果等，以示节日尊敬和关怀。发红包由传统的亲手递送红包，发展到通过微信发红包，快捷喜庆。

初二开始走亲戚，俗称“跑亲眷”。初五，传为“财神生日”，商家要在初四深夜摆祭桌，放上供品，焚香点烛，到子时燃放鞭炮，迎接财神。普通百姓家则在子时开始，放鞭炮接财神，没有繁复仪式。

元宵 俗称“正月半”。是日，月为上元，故称为元宵。这天家家中午吃馄饨（“兜财”），晚上吃“团子”（寓意团团圆圆、和和美美）。有的农家还有吃油斗的习惯，希望棉花、蚕茧如同油斗那样丰满。入夜，村民以豆萁、柴草蘸了油脚燃烧，奔向自己田中绕行一周，口喊：田财、田财，奴伲田里来，别人家田烧茅草，奴伲田头大颗稻。此谓“照田财”，这项习俗现时已废。元宵夜，有灯会。孩子玩兔子灯、状元灯；青壮年玩滚灯、龙灯、鹞灯。家家门前高挂贴有“年年如意”刻纸的点烛小灯笼，据说挂得越高越好，谓之“扯花灯”。一直持续到二十日为止。

百花生日 农历二月十二日，传为“花神生日”，给各种花木果树贴一方红纸或扎一束红头绳，祈求多开花结果。现时仍有一些农妇保有此习俗。

清明 清明节当天，要吃青团子，以示缅怀祖先。民间有上坟、扫墓习俗。是日，新丧人家设烛台置酒菜，点香火，叩头行礼，祭奠亡灵，俗称“过新清明”。一般人家，不在正清明上坟，而在清明节前后择日“过清明”。上坟祭奠、除草、培土。清明还是新丧人家的落葬日。

立夏 立夏这天，乡间有“称人”的习俗，祈求夏季无灾无难，不减体重。旧俗，这天不准孩子坐门槛，有“立夏坐门槛，疰夏困床榻”之说。并有吃一个滚过门槛的蛋，可以不疰夏的说法。立夏还要吃蚕豆、咸鸭蛋。

端午 又名端阳节、天中节。这一天，大门上要悬挂菖蒲、艾草、大蒜，据以辟邪。还要贴钟馗像以示驱鬼。妇女们用彩绸丝绒制成的小粽子、老虎头和网樟脑、网大

端午节包粽子活动（2015 年）

蒜等小饰物，佩挂在小孩的肩头或胸前。正中午，用雄黄酒在小孩额上写一“王”字。有的人家还要紧闭门窗焚烧苍术、白芷，烟熏一遍，驱邪避灾。当天饮雄黄酒，吃咸鸭蛋，并有吃粽子、赛龙舟的习俗。

夏至 每逢夏至日，电站村民都要用糯米烧糖粥，粥里放小麦、蚕豆、赤豆、红枣、莲心等，视各人所好，称为“夏至粥”，又谓“夏至搭头莳”，即夏至日起7天为头莳，又5天为二莳，再3天为三莳，作为农事规律，有“头莳棉花二莳豆，三莳种赤豆”的农谚。

七夕 农历七月初七，称“七夕”，也称乞巧节。传说是牛郎织女一年一度鹊桥相会的日子。是日，要食巧果，染红指甲。村民多以面粉、芝麻等制成油炸食品，谓之“巧果”。姑娘为示美，用凤仙花加明矾一起捣烂染红指甲。晚上要吃“七巧”：熏鱼、熏蛋、油氽麻叶、油氽兰花豆、鲜藕、红菱、胡红。姑娘们为向织女祈求智巧，要在月光下以丝线穿过针孔。七巧之俗，多数不存。

七月半 农历七月十五日，传说是阴曹地府的上元节，鬼放假，为避晦气，不能走亲访友。此俗仍保留。因时值炎热天气，故又叫“火烧七月半”。死了人的人家，在这一天，要过“新七月半”，以示纪念故人。

中秋 农历八月十五日为中秋节，又称团圆节，寓有家人团聚的含义。旧时，要在庭院中供瓜果月饼等，焚香点烛，名曰“斋月宫”。此俗今已不存。现时，则合家团聚，欢庆饮宴，吃月饼、馄饨，赏月。

旧时电站村民吃的月饼以粉碎的果仁、豆沙、芝麻等为馅，皮又薄又酥，香甜可口，称为“苏式月饼”。每个月饼的底部都垫有一张小方纸。相传元末张士诚号召苏州地区的百姓推翻元朝统治，利用中秋吃月饼的习俗，把写有“吃月饼，杀鞑子”的小纸垫在月饼下，送到百姓手中。百姓早就不满元朝的统治，到了中秋之夜，果然群起造反。为纪念这次起义，垫纸成为苏式月饼沿袭的传统。现时月饼花式繁多，苏式月饼仅是其中一种，传说也化成一种象征。

重阳 农历九月初九，又称重九。旧时习俗是日必须登高和佩戴茱萸，以示“避难祛邪”。登高和佩戴茱萸已成历史，但吃“重阳糕”之俗承续不变。重阳多食重阳糕，寓意事事如意步步高，另有赏菊吃蟹之俗。1988年起，该日定为老年节，广泛开展敬老爱老活动。在节日来临之际买几块重阳糕孝敬老人，寄寓对老年人的良好祝福。

十月朝 农历十月初一为“十月朝”。旧时家家户户要祭祖，现时改变为新丧人家要过“十月朝”。是日，要去新坟墓扫墓，并邀请亲朋聚餐，俗称“吃十月朝”，现仍流行。

冬至 旧有“冬至大于年”的说法。村民过冬至节，都较隆重。要祭奠祖宗，邀集亲友“吃冬至年饭”。冬至是隆冬的开始，有“连冬起九”之说。现时新丧人家要过“新冬至”，邀请亲友吃饭，以示缅怀故人。这一天也是落葬日，祭奠后安葬新逝者。

小年 以腊月二十三（或二十四）为小年。小年这天，也是民间祭灶的日子。村民以甘蔗、荸荠、花生、苹果、香蕉、橘子等祭灶神，祈求多说好话少说坏话。祭好后，则是送灶神，就是把常年供奉的灶君纸码（俗称灶公像）焚化了送上天去。接着把灶上灶下打扫得干干净净，到大年夜，另换新像，供奉后置于灶上，谓之“接灶”，即以迎灶君上天奏好事后返回下界。现时老式灶头基本不存，送灶习俗也基本废除。

除夕夜 又称“大年夜”，吃晚饭称“吃年夜饭”，菜品特别丰盛。儿女在这天晚上都要与父母团聚，除鸡鸭鱼肉外，还要备发芽豆、豆芽菜，象征吉祥如意；笋干烧肉意为节节高升；烩炙酱蛋意取滚滚元宝；长梗菜示意健康长寿。在这天晚上，全家人接灶君，祭祖先，贴门神，贴春联，贴年画，倒贴“福”字等。用小蒲包盛装石灰，在家门口及家中四角扑打石灰印，象征“白米囤”，期望来年白米满仓。还要忙着烧年菜，炒“发禄”（花生、黄豆、发芽蚕豆），切年糕。此外，还要赶搓“百岁圆子”、擀馄饨皮子、淘年朝米等。年初一忌讳多，如不能动菜刀，不能下水洗刷，不能扫地，不能吊井水，不能吃粥及汤淘饭等。农村还有“天公公发三石六”的习俗，是夜，于床前踏板上，要置放各人鞋子一双，天公见有几双鞋子，即发几份“三石六”。除夕夜关门前，还流行用芝麻萁、柏枝、冬青扎成把，插在房檐上，并用两根甘蔗撑牢大门，意取节节高，一年更比一年好。然后红烛高烧，举家守岁，象征把一切邪瘟病疫照跑驱走，新的一年吉祥如意。

现时，旧俗中的扑石灰印、发“三石六”、插房檐、撑大门、烧红烛之俗已废，其余基本保留。除夕夜村民一家人欢聚一堂，吃丰盛的年夜饭，看一年一度的春节联欢晚会。

◉ 人生礼仪

婚嫁

提亲 旧时男婚女嫁是“父母之命，媒妁之言”。男方相中了女方，就由家长出面请亲友或媒婆到女方家去提亲，也有少数女方托媒到男方家提亲的。现时仍有提亲之俗，但增加了自由恋爱或请婚介公司介绍甚至媒体牵线等多样化的做法。

请庚帖 又称“请月生”。提亲后，若女方同意，由媒人持女方庚帖（按天干地支记载生辰八字）送往男方家，男方请算命先生排八字，如八字相合，可定亲，如相克，则作罢。现时此俗仍有留存但不普遍。

订婚 旧称“攀亲”，俗称“认亲”。当天，由媒人带领男方送金银首饰、衣料等彩礼至女方家。男方家还设筵席邀亲戚和女方及父母临门，名曰“攀亲酒”。

走通 男女一方首次到对方家去拜访公婆或岳父母，收受长辈和亲眷的见面钱物。一般当天都办小范围的酒席。

行盘 现称“送日子”。一般在迎娶前几个月进行。由媒人带领男方将男方家在盘内放置的聘帖（男方确定结婚日子的书帖）、聘礼（包括现金、首饰、饰物、衣服等）送至女方家。现时，结婚日子一般由双方商定，但聘礼仍不可少。

订婚、走通、行盘之俗现时或作归并或有简化。

行妆 女方置办的嫁妆，包括家具、被褥、日用品、家用电器等，在迎娶前天或当天，由男方请媒人引领，派人（过去用人扛或用船运，现时用汽车装运）将嫁妆搬运至男方家，俗称“抬嫁妆”。此俗仍延续，而嫁妆越来越气派，有成套的新式家具、彩电、冰箱、洗衣机等高档用品，少数还有存单、摩托车甚至汽车。旧时女方嫁妆中必有“子孙桶”（马桶，乃无提手的净桶，旧时小孩即分娩于此桶）。凡箱、盆、桶内，都要撒入长生果（花生）、红枣之类，以祈盼早生贵子、子孙满堂。

迎娶 即择日举行结婚仪式，俗称“好日”。结婚之日，最为隆重。男女双方都要大办酒席，办酒席的顺序，通常是男先女后。旧时，要请堂名鼓手助兴，用花轿到女方家迎娶新娘。一路鼓乐悠扬，至男方家时，花轿临门，鞭炮、鼓乐声起，伴娘搀扶新娘下轿，踏红毡步入花堂，新娘立左，新郎立右，由小唱（鼓手）赞礼，新郎新娘先拜天地祖宗，再拜公婆、伯叔婶和其他长辈，收受见面礼，最后夫妻对拜。然后鼓乐、双烛前导，新郎新娘各握红绿绸一端（称“红绿牵襟”），脚踩踏袋（地上铺红袋子，取意传宗接代），牵入洞房。宴罢，宾客拥入洞房，逗新娘，索喜果，称为“闹洞房”。婚后第二天，新婚夫妇回娘家省亲，俗称“回门”，女方也办酒席款待。现时新式婚礼已不再用花轿，改用轿车。男方去女方家接新娘，新娘躲在房中不肯出来，要遍发红包，然后新郎抱新娘上轿车，到达男方家，再抱下车，行“旺盆”（稻草所烧之火盆），踏红毯，扶节节高（甘蔗），再入厅堂。

新房内的铺床人必须是夫妻双全、上有父母、下有子女的中年人。床上要放秤、扁担、食物，食物有甘蔗（须选红皮甘蔗两根，节节相对，取“节节高、节节甜”之意）、花生（“早生贵子”之意）、蒸糕（“高高兴兴”之意）、团子（“团团圆圆”之意）等。

婚宴　婚宴有直接去餐馆的，新郎新娘在门口恭候。婚宴菜肴多以“四六四”为主，即四冷盘（拼盘）、六热炒、四大菜（包括汤）。每道菜肴的名称均与婚礼相吻合，如龙凤呈祥（冷盘）、双色鱼片、鸳鸯莼菜汤、八宝饭等。婚筵菜肴还十分讲究上菜程序，上菜时肉为第一道，鱼为最后一道，寓意为吃而有余。更多时候，举办婚筵是在自家院落，杀猪宰家禽，请厨师来家掌灶，菜品相当丰盛。吃过的空冷盘不得拿开，直至婚筵结束，俗称“吃全”。宾客到宴，须送礼金，朋友只送大礼，亲戚除大礼外，还得专门包小礼。大礼是送给操办婚宴的家长的，小礼则是送给新娘或新郎的。礼金都由专人用喜簿登记。

农村婚宴一般要延续3天。正日之前一天为“落桌”，是婚宴的准备阶段，村里的人都来相帮，一些知交也会来帮忙，吃饭的人也有好多桌。正日除了亲朋好友，全村的人差不多都要来，所以桌数往往比城里人多好多，院落小的根本排不开。所以，电站村特地在工业小区内，把一旧厂房改造成喜事会所，专供村里人办喜宴用。有两个厅，大厅可放50桌，小厅可放18桌。有全套炊事设备。办喜酒的人家只要自己请上“桌头师傅”，就可以操办。正日之后一天，是婚宴的结束阶段，还有一部分亲友及村里人在此收尾、吃饭。

婚嫁新俗　进入20世纪90年代，电站村民的婚嫁出现新风俗，主要原因是结婚双方大多是独生子女，本地创造一种新俗，称为“两面住”，即男女双方都设新房，男女双方的姓都入孩子姓名，产生双姓加单名或双姓加双名，如杨王逸、吴陆晓东。婚房也产生男方买房、女方装修的新时尚。集体结婚和旅游结婚成为常态，请婚庆公司操办婚事也常见，西式婚礼也出现在农村。

丧葬

旧时丧事，一般有报丧、设灵堂、开丧、出殡、做七等程序。现时农村丧事，由于土葬改为火葬，所以在出殓环节上差别较大，其他则大同小异。

报丧 人死称“过世”“坏脱”。家属即派人将死讯告知亲戚，俗称“报死”。只限报给死亡者的亲戚，不报朋友，但朋友间可以通过互传信息前往吊唁。现时报丧通过电话进行，方便快捷。

设灵堂 人死后，家人一般请人替死者净身，换上洁衣。然后将死者从房中移除至客堂，俗称“转尸”。死者躺在门板上，头南脚北，用白被单布盖上，头前悬挂白布，称为“孝幕”，上挂遗像，前面放一张八仙桌，称孝台。孝台上置油灯，点香烛，放些祭品。孝台前放一铁锅，用以焚化锡箔纸或黄纸钱。死者的子女、家属和直系亲属都穿白衣，女的加穿白布罩裙，脚穿白鞋，腰扎白带，头上披麻，其他亲属朋友扎白腰带，称“戴孝”。亲属昼夜守灵恸哭，称“守夜”，朋友称“伴夜”。亲友来时，需到灵台前向遗体作揖或跪拜。请道士、和尚做道场、法事，诵经超度亡灵，通常第三天入殓。

开丧 入殓前，将死者换下的衣服焚化，称“烧行衣”，为死者剃头（理发），给死者穿寿衣，一般 3 ~ 5 件，最多 7 个领头（衣领，1 个衣领代表 1 件），逢单不逢双，并过秤，用牙齿咬痕或烫香洞作“记号”。入殓那天，丧家设筵招待亲友，亲友送吊礼。道士高诵“年羹饭——”后，在吹鼓手的哀乐声中，子女儿孙（包括媳妇）披麻戴孝，其余亲友、晚辈或同辈腰束白腰带，按道士唱诵的名单顺序一一跪拜，以表哀悼。开丧后，入殓，入殓棺材里放石灰包、黄纸及死者生前喜爱的生活用品，俗称“陪葬”。入殓前办丧事人家请人专门记录亲朋好友的吊唁钱额，俗称“吊孝钱”，记录簿册称“丧簿”。

出殡 旧时死者入棺，棺材抬出客堂。长子抱牌位，其余子女手扶棺材，亲友随之，一路撒帛纸，吹哀乐，送至预定墓地。死者的棺木送至墓地，在当时有两种处理。一是将棺木放置于墓地上，用稻草遮盖，也有棺木四周用砖砌，上面用土瓦遮盖，等候选择吉日，再入土埋葬。二是死者的棺木送至墓地，直接入土深葬，俗称“热落葬”。葬毕，牌位仍抱回家中，放在堂屋壁角设立的“灵台”上，壁挂挽联。送殡的子女、亲友回来，须在家场角处的火堆上，用脚甩一下，寓意焚晦气。当晚宴请亲友，俗称“吃回丧夜饭”。

殡葬改革后，死者则入殓于简易棺中，送至火葬场火化（家中不做道场者一般在火葬场开追悼会），抱归骨灰盒，放置灵台。骨灰盒一般选择在当年的冬至或下年的清明下葬。也有从火葬场直接送至墓地安葬的，称为“热葬”。

做七 自死者去世之日起，子女、直系亲属每日早晚在灵台前哀哭，供奉斋饭，焚烧纸帛。每逢七日为“一期”，直祭到“七七”为止。至第七个为断七（终七）。其中“三七”“五七”要备酒菜祭祀，俗称“做三七”“做五七”。终七之日，子女要请僧道做道场以超度亡灵，还要请纸竹匠扎纸房、纸家具等焚烧。家属须请酒、做道场、烧纸房子、过七仙桥等，十分隆重。还有六十日、百日、周年，均需祭祀。两年零六十天后火化灵位除丧服。

新中国成立后，移风易俗。丧事简办，披麻穿白衣仍有，简易的改为臂戴黑纱、小白花，亲友吊唁送花圈、挽联、挽幛，有的开遗体告别会，寄托哀思，土葬改为火葬。

农村办丧事，规模一般比城里大，而且农民通常不太愿意到火葬场的殡仪馆开追悼会。照顾到这个约定俗成的习惯，电站村将新毛镇上的老厂房改造成丧事会所，与万丰、东林两村合用，后来又扩展到全镇人都可使用。丧事会所设有灵堂 6 个，其中 2 个专为信教群众所用，有 4 个饭厅，大的可放 70 桌，稍小一点的可放 50 桌。

生育

催生 新婚妇女怀孕后在临产前一个月左右，由娘家备婴儿所需尿布、衣帽、鞋袜及红糖、枣子、粉丝外加一只公鸡以及产妇所需的营养品至男方家，称“催生”。同时，娘家还要准备粽子、团子等分赠乡邻。

望三朝 生育后，女方母亲送营养食品，问候照料女儿，谓“望三朝”。男家要办三朝酒。男女双方的至亲朋友都要去男家喝喜酒送糖糕钱（礼钱）。亲友探望并馈赠礼品，叫“送舍嗯娘”。“献三朝”即亲朋送礼后，主人以红蛋、米糕、团子、胡桃、春团饼等还礼。

剃胎头 婴儿出生后 20 ～ 30 天，也有 60 天的，要“剃胎头”。亲友相贺都要带上一份茶食糕点以讨口彩。一般于上午 10 时左右，为孩子剃头。剃毕开筵，主要是吃面条。面条一般是双浇面。筵后，家人将双浇面 2 碗（好事成双）、红蛋 5 个（五子登科）分送邻居和亲友。婴儿这时到外祖母家住几天，俗称“移窝”。同时要准备糕点、面条、红蛋等送给婴儿外祖母家的邻居们。

做满月 出生一个月后叫“弥月”（满月），要过满月请客，称“做满月”。要办筵席，广泛请客。现时常将剃头与满月合并进行。

过周岁 出生满年，俗称“搭春”，又叫“搭纪”“纪哥”，要请客吃面、办酒席，称过周岁。亲朋好友赠送喜面、衣服、压岁钱等。是日，一般在婴儿面前放些书笔、算盘、钱币、小玩具之类物品任婴儿去抓拿，预测其将来的前途与命运，俗称“抓周”。周岁婴儿脚上穿老虎头的鞋子，寓意可辟邪。

现时多数只生一两个孩子，虽然生育习俗大多保留，但是形式相对简化，礼物更加隆重。

寿诞 旧时吴俗到 50 岁开始做寿，逢五称小生日，逢十称大生日，且讲究做九不做十。“寿星”接受晚辈的鞠躬（旧俗磕头）和祝愿。亲友晚辈送寿桃、寿糕、寿面等。寿桃、寿糕均为淡红色，以渲染热烈气氛，数目一定要成双成对，并与寿星的年龄相符，只能多，不能少。送来的寿桃、寿糕不能全数收下，还要留下一定数量（也要成双），俗称“留福”。寿筵以面条为主食，酒席有冷盘、炒菜，面条也是双浇面。寿筵结束，由晚辈将面条两碗及寿桃、寿糕两对送给邻里和亲友，俗称“散福”。

现时寿诞，已不限于 50 岁以上，从 10 岁开始就可进行，称做生日，年幼的称小寿星，年长的称老寿星。形式上，大多摆宴席、吃寿面、吹蜡烛、切蛋糕、唱祝寿歌，中西合璧。

祭祀 电站农村人家，一年之中，有几个重要的日子必须祭祀。

大年夜要在家里摆放“家堂”，供上腐干、慈姑、苹果、甘蔗、年糕等素品，进行祭祀，通常年初三撤去，有的人家要到正月半才撤掉。

春节前，通常在腊月后半月，并无规定日子，要为先人“过年”，鸡鱼肉等荤素 6 ~ 8 个菜，另备水果、点心，布置酒盅筷子，加入温黄酒，点上香烛，引先人入内就食，一段时间后再盛上一大碗热饭，然后按长幼顺序叩头，祈请先人护佑。香烛燃尽前，须烧锡箔、纸锭、冥币等。

清明节、中元节（民间称七月半）、冬至日也基本如此，但是非新丧人家，须避开正日，一般提前一两天进行。另外父母的忌日，也需要祭祀。

◉ 民间艺术

打莲湘 又称“霸王鞭”或“打连响”，是一种传统民俗舞蹈。源于所用的竹竿道具因嵌有铜钱，击打时连续发出响声而得名。又一说，相传原为乞丐到有钱人家“讨口彩”，手拿一根短棍又说又唱，连唱带跳说好话以求得一些施舍，由此演化为一折民间舞蹈。在演化过程中，短棍被竹竿替代，且在空心部位留出一半装嵌铜钱，稍一抖动便会发出清脆悦耳的响声，从而增强了舞蹈的音乐感和节奏感。

打莲湘（2012 年）

莲湘系由一根长约 1 米、拇指粗细的竹竿，两端镂成 3 个圆孔，每一孔中各穿数个铜钱（或铁钱），涂以彩漆，两端饰花穗彩绸，亦称“竹签”“花棍”。打莲湘可由一人手拍竹板为唱，三四人手摇莲湘和之。舞时可由数人、数十人乃至上百人参加。广场上可组成十字、井字等队形，男女交错对击，一起一落，节奏鲜明，动作活泼。表演时，男女各持莲湘做各种舞蹈动作，从头打到脚，从前打到后，边打边唱，唱词多据民间唱本，也可现场编唱。打莲湘演出时可打出前进、停留、蹲下等多种步法，队形亦可多样化。演技高超的表演者，还能够边打边滚，边滚边唱，做出各种舞蹈动作，犹如鲤鱼打滚、蛟龙翻身，表演出一系列连续的打、舞、唱、跳、跃、滚的动作，令人眼花缭乱，目不暇接。

“打莲湘”为电站村域内传统民间舞蹈的常备节目。

蚌壳精舞　蚌壳精舞的形成与劳动人民的生活息息相关，湖泊、河流纵横交错，水患连年。大多数村民只有以捕鱼摸蚌为生，由于生活贫穷，有的连老婆都娶不上，为此，村民便以传说中的蚌姑（想象中美丽仙女的原型）创造了富有浓郁地方特色的民间舞蹈。

“蚌壳精”由一男一女表演。女的化妆得十分美丽，背上背两张能开合的大“蚌壳”，蚌壳以竹篾扎成，彩纸（或彩绸）糊就。男的扮成渔夫，戴无顶草帽、穿草鞋、腰挂鱼篓。表演中，渔夫要网住蚌壳精，蚌壳精却戏耍渔夫。渔夫的表演幽默诙谐，基本动作有“撒网”“拉网”“摸蚌”“踩水”等。动作具有戏曲特点。蚌壳精的表演优美、

荡湖船（2013 年）

含蓄，基本动作有“交叉步”“走步”“磨壳”“夹壳”等，动作舒展流畅，步法轻盈；两人的配合动作有“夹头”“夹臀”“并壳”“过蚌”“滚毛”等。用打击乐伴奏。男女双方在欢快的锣鼓声中，变换着舞姿，进行着迷人的表演。

蚌壳精舞也是电站村节日喜庆的传统民间舞蹈。

荡湖船 作为民间舞蹈盛行于各地，最早出现在唐代，距今已有 1300 多年历史。“荡湖船”表演形式各地大同小异，通常一船二人进行表演，一女扮渔姑，一男扮渔翁（俗称夫妻档）。表演者服饰要求渔姑身着紧身粉红色大襟上衣，腰系短裙围兜，下穿蓝彩裤，足穿绣花鞋。渔翁头戴草帽，可夸张性加饰胡须。服饰要求渔翁身着湖蓝色对襟上衣，下穿红或黄彩裤（可外加黄或红色马甲），束红色腰带，足登圆口布鞋（或草鞋）。船为鲤鱼形旱船，竹篾作框架，纸裱面，剪贴彩绘成鱼形船体，船体上面有四角华盖一顶，顶上安有葫芦。船体下面围有彩绸，下垂 0.3 米左右。划桨的桨杆高 1.3 米左右，桨杆涂有红白相间彩条，桨杆中间饰一红花。

“荡”与“逗”的密切配合是荡湖船表演的主要特色。荡，指渔姑的表演动作始终处于动荡之中，以示船只颠簸和晃动感，借此体现驾彩舟的欢乐心情。逗，则指渔翁一颠一跛的挑逗动作与言词。荡湖船表演灵活自由，不受场地限制，模拟水上驾舟技巧动作，予以发挥。彩船晃荡过程中，渔翁须同时保持身体的晃动与起伏，在身段造型上与渔姑相一致；载歌载舞，一问一答，一唱一和，诙谐欢谑。荡湖船旧时表演用唱词多即兴发挥，现在则多以反映时代特征为内容。

荡湖船也是电站村群众文艺演出的传统节目。

滚灯 据史料记载，滚灯至少已有700余年的历史，南宋著名诗人范成大在诗中记述“掷烛腾空稳（小球滚灯），推球滚地轻（大球滚灯）”。明朝田汝成的《西湖游览志余·偏安佚豫》记：“以纸灯内置关捩放地下，以足沿街蹴转之，谓之滚灯。”清海盐文人彭孙贻诗《轮灯》的小序中有“儿童缚竹为轮，旋转飞覆，而灯不倾灭。壮士运之，衢中腾掷不休”的描写。滚灯是一种集舞蹈、杂技、体育为一体的运动。舞者多为男子，以单人和双人表演为主，也能群体表演。滚灯由戏球、缠腰、跳灯等动作组成，集中了跳、滚、爬、窜、转、旋、腾、跃、甩等多种刚柔相济的体育、舞蹈动作。

滚灯后来逐渐定型为竹片制成的圆球，直径1.4 ~ 1.6米，内置0.5米左右小球一颗，外包红绢内点蜡烛。凡遇灯会、民间庙会皆以滚灯为先导。舞灯时将灯用线系于腰间，灯附人左右滚动，人随灯上下翻滚，舞到兴致时，配以鞭炮锣鼓，舞者用牙咬着线结以颈项之力使灯四处滚动，小球内蜡烛不灭。舞大灯时体力消耗极大，每盏滚灯须几

滚灯和高跷（2009年）

人轮番舞动，操控者均为男子，大多赤裸上身以体现粗犷的力量美。故滚灯被誉为“灯中之王”。

滚灯流行于江南地区，电站村年轻人组成的滚灯舞队，经过多年训练，远近小有名气，在农民文化节等群众性的文娱活动中有精彩表演。

方言土语

与普通话的基本差别

电站村域方言与普通话的基本差别有以下几项。

同样的概念，用词不一样。

小细娘——小姑娘	节头骨——手指
田鸡——青蛙	百脚——蜈蚣
长生果——花生	实梗——这样
该浪——这里	尝空铳——开玩笑
海外——许多	插嚎——说谎

用词一样，表达意思不一致。

壮，普通话指强壮，电站村域方言一般指胖或肥。“老张壮得来”，指老张很胖；“这块地很壮”，指这块地很肥。

厚，普通话指物体上下两面的距离大，电站村域方言除这层意思外，还有“稠”的意思，如说“粥烧得很厚”“厚粥烂饭”。薄的用法与此相似，除不厚外，尚有“稀”的意思，如“薄粥汤”。

馒头，普通话指无馅的，电站村域方言指有馅的，如“肉馒头”“菜馒头”。

表达的语序不同。

例如：螺蛳叫蛳螺，热闹叫闹热，腐乳叫乳腐，力气叫气力，着火叫火着，常年叫年常，等等。

电站村域方言中保留了不少古代语言。

例如：奴（我）、爹爹（父亲）、娘子（妻子）、小官人（丈夫）、温暾（不冷不热。唐王建《宫词》：“新晴草色暖温暾，山雪初消渐水浑。”）、丁倒（颠倒。《乐府诗曲歌》：“鹿转方相头，丁倒欺人目。”）

表意或读音较独特，普通话中难以找到恰当对应的词语。

触祭（吃的意思，但带有贬义。“颈骨郎绝细，独想触祭。”）

将进（指小孩子文静、听话，褒义。“该个小囡蛮将进。”）

黄六（虚假不实，靠不住）

期啊（两字连读成一音，表示聪明能干的意思）

奇喔（两字连读成一音，表示笨拙无能的意思）

奇杭（两字连读成一音，表示发骚劲、人来疯或开心过头的意思）

方言举例

人称

奴——我	奴伲——我们
恁——你	恁得——你们
伊——他	伊得——他们

常用语（2字）

叫关——很多	扎制——结实
出客——漂亮	区得——多亏
末事——东西	乌冒——心情不舒畅，冒火
出松——逃走，跑掉	号牢——规定数量不准超过
生胎——原本	包梢——承担全部责任
厌气——寂寞	吞腔——样子、状态
关栾——遮拦，挡住	冲头——受骗上当、被人宰割的人
的括——确实	角切——做事周全，妥帖
板定——一定，必定	咋落——为什么，干吗
实梗——这样	伊梗——那样
该搭——这里	伊搭——那里
项情——很多	哪亨——如何，怎么样
统扯——平均	结棍——程度厉害；身体结实
勒浪——正在；着	推扳——差，逊色；相差，相距
富胜——宽裕，丰盛	喷蛆——非常多；胡言乱语
闷特——没话说	戳气——讨厌

缺西——傻瓜　　　　孟门——磨蛮横，不讲理

发夹——逞能施威　　　　稀牙——炫耀

济面——左边　　　　顺面——右边

豪少——抓紧，快　　　　贾乌——马虎，不斤斤计较

常用语（3字）

一镬熟——不分青红皂白，全用一个方法处理

一只袜——一脉相承，同样德性

勿壳张——没有料到

坍招势——失面子，丢脸

水统蟹——嫩蟹，肉少水多，喻软弱无能的人

扳雀丝——找岔子，挑刺儿

掮木梢——喻代人受过

大触扑——貌似强大，实际没有力量

王伯伯——指做事不牢靠、无信用之人

瓦老爷——对忠厚老实人的讥刺

勿作兴——不可以，不应该

勿出冲——拘谨

粗光淌——大体可以，马马虎虎

老茄子——年小不虚心，自以为是

压末郎——最后一个

熬好戏——故意说或做不该的话或事

抢羹饭——争夺祭品，喻亟吼吼争抢东西

呒缠头——不好弄，不值得与之打交道

困扁头——白日做梦，不可能实现

阿呀货——质量差，不经用的东西

茄门相——不感兴趣，不热心

定头货——脾气倔强难对付的人

荟夹夹——十分想干，跃跃欲试

倒七铺——翻来覆去老一套

海海外——很多很多

偎灶猫——喻精神萎靡的人

孵豆芽——闲居在家，无所事事，消磨时光

嚼白蛆——闲聊，胡扯

后梢翘——越到后面越厉害，后来居上

常用语（4字）

一拍抿缝——完全吻合，不差分毫

一脚落手——不停顿，一气呵成

少世千年——难得看到；很难碰到

一塌刮子——总共，全部

七勿老牵——不伦不类，不成样子

七翘八裂——不服从，不团结；不平整

勿着勿落——语言、举止不得当，没分寸

乌星夜没——天完全黑了；没亮光

呒手筛锣——手足无措，毫无办法

依乎惹乎——顺势敷衍，虚与委蛇

插嘘乱天——胡言乱语，谎话连篇

投五投六——行为盲目，没有方向

神知呒知——糊涂，没有原则、不考虑后果

一天世界——一塌糊涂，满地满世界都是

幺尼角里——不起眼的小角落

脱底棺材——吃光用光，不管不顾今后的人

豆腐肩胛——喻不肯承担责任

百搭搅头——喜管闲事，样样要插一手

隔夜面孔——不友好，使人难堪的脸色

薄皮棺材——喻饭量大，吃得下

死蟹一只——喻毫无办法

花好稻好——巧舌如簧，样样都好

弹眼落睛——醒目，出众；瞪眼凶狠状

直丝直络——为人正直，没有歪念头

扭皮调筋——性格不爽快；韧性足

常用语（5字）

一对搭拉酥——两个人都不是好东西

死人额角头——指碰巧，有意想不到的转机

冷锅里热爆——形容突如其来

青肚皮活狲——指健忘的人

眼睛地牌式——形容目瞪口呆、束手无策的样子

三透石勿酥——多次烧煮都不烂，喻顽固不化

三人六样话——指各人说法都不一样

勿是生意经——喻情况不妙，不对头

百步呒轻担——喻坚持难

五筋狠六筋——形容很凶，常用否定式

常用语（6字及以上）

空车袋下白米——不付出就想得回报

吃素碰着月大——喻事情不凑巧，运气差

一个柴际两头拔——两方或多方开支，消耗大，负担重

一个螺蛳顶个壳——每个人都有任务，都承担责任

又做师娘又做鬼——喻一面装好人，一面做坏事

三只节头扼田螺——轻而易举，十分有把握

三亩竹园一只芽——多房合一子，独苗单传；珍稀

引线头浪得芝麻——不容易，很难得

冬瓜缠勒茄门里——喻事情搞错了

老鼠勿存隔宿食——喻不会打算，吃光用光

好雨落在荒田里——白白浪费，白费力气

蛳螺壳里做道场——非常狭小的地方要做场面很大的事

额骨头碰到天花板——撞到大运

叫花子吃死蟹只只好——形容不挑剔，怎么都行

鳑皮鱼也留三寸肚肠——要有所储备不能用光；要留点心眼，有所防备

牙齿稀伶仃，独想吃别人——形容嘴馋又吝啬的人

日里闲游荡，夜里煨灯笼——指时间安排不当，忙闲不均

白脚花狸猫，吃勒朝外跑——喻坐不住，喜欢往外跑的人

公要馄饨婆要面，小姑娘要麦川条——各人要求不同，难以适从

歇后语

一滴水落勒油瓶里——眼眼调（恰巧的意思）

四金刚拖鼻涕——越大越勿成人

网船上马桶——勿敢（盖）

甲鱼逃走——豁边（糟糕的意思）

芝麻里格黄豆——独大

弄堂里拔木头——直来直去

额角头上搁扁担——头挑（头等、第一的意思）

专属歇后语 电站村属于新毛范围，有两个专属于新毛的歇后语。

毛家市烟火——逐节放

毛家市，即太仓新毛镇（社区）。据传，新毛的烟火特别有名，放的时候不是一飞冲天就完事，而是一个冲上空中，停顿一下，再一个接着上冲，这样停一下冲一个，形成连环式的烟火，非常壮观。也许其他地方的烟火都不如新毛烟火，是出于妒忌呢还是其他什么，有人竟编出了这个歇后语，意思不是赞扬新毛烟火，而是形容说话、做事断断续续，不爽快，不连贯，不一气呵成。那个发明新毛烟火的人看到这条与本来之事毫不相干的歇后语，不知会是什么感想。本来褒义却成贬词，却也是一趣。

癞蛤蟆上太仓——酷（壳）一日

新毛一带方言里的“酷（壳）一日”，是“准备一天”或“打算一天”的意思，而癞蛤蟆动作迟缓，速度慢，从电站村爬到太仓城里，没一天工夫到不了。这句歇后语带有自谦的意思，就是即使我像癞蛤蟆那样速度慢，没本事，但也要去做，哪怕用一天的时间准备，也要把事情做好，显示决心坚定。把癞蛤蟆做褒义来用，虽是个例，

值得一说。

方言趣说 由于方言的特殊地域属性和口语特点，往往会产生一些有趣的语言现象。列举一些以显示电站村域的方言特色。

电站村域的方言里，常有以“阿”“老”做前缀，以“头”“子”做后缀的词语。

“阿”

排行前用，如阿三、阿四；人称前用，如阿公、阿婆；人名前用，如阿玉、阿芳；小名前用，如阿狗、阿猫。人称前用“阿”，通常在亲人或熟人之间，表亲昵或喜爱，如阿囡、阿小。正规场合一般不宜用，不相熟悉者也不宜用。

询问时用“阿去电站村”，就是“去不去电站村”的意思；“阿来三”就是“行不行”的意思。

有时加“阿”，有贬义，要注意。例如，阿木林（呆笨的人），阿屈死（不灵活，常犯傻吃亏的人）。

“老”

老法师——经验丰富　老油条——死不悔改

老滑头——见机行事　老甲鱼——骂人年高

老辰光——原来时间　老实头——老实憨厚

老来俏——老年爱美　老户头——熟人常客

老十三——老不正经　老套头——没有变化

老酒彭——嗜酒如命　老茄茄——少年老成

老搭子——长期搭档　老坦克——旧自行车

“头”

摆噱头——故作玄虚　斩冲头——欺诈顾客

避风头——销声匿迹　起花头——别出心裁

掼浪头——大言不惭　收骨头——严加管束

触霉头——运气不好　额骨头——福星高照

转念头——灵机一动　扳叉头——吹毛求疵

垫刀头——代人受过　吃排头——受人批评

野人头——虚张声势　唔搞头——失去信心

"子"

接翎子——心领神会　歪路子——旁门歪道

坏胚子——脚底流脓　放鸽子——话不兑现

钻空子——投机取巧　小扇子——挑拨离间

翘辫子——一命呜呼　吊膀子——打情骂俏

通路子——疏通关系　手条子——手腕手段

拆搭子——中途散伙　老早子——过去时候

酥桃子——软弱无能　碰钉子——遭遇挫折

电站村域方言多用叠词，用法多而有趣。

笃笃叫——慢慢地，从容不迫地

轻轻叫——轻轻地

圆圆能——呈圆形

斜斜能——方向偏斜的

落落能——肚子微微突出，发福样

塌塌潽——胖得糟糕

直苗苗——笔直

削削滑——非常滑

盯急急——盯得非常牢

跑快快——跑得非常快

摊摊摊——前一摊为动词，后两摊为名词，就是面摊摊，类似于北方的煎饼果子，合起来其实是摊面摊摊的意思，把面省略了，就成摊摊摊。

看看看——前两个看是动词看的重叠，第三个看带有助词性，无实在意，所以，看看看就是看一看的意思。

文白异读趣话　电站村域的方言有一个有趣的现象，就是某个字的读音，并非一成不变，而是在不同的搭配中呈不同的读音，有时需要以口头方言读，有时则需要用书面方言读。举若干例子说明。

某东西大，大要读成"杜"。"电站翠冠梨个很大"，读成"电站翠冠梨老杜个"。但是不能什么地方都照搬用。例如"电站村阿三的儿子考取大学了"，千万不能读成"电站村阿三的伲子考取‘杜’镬了”，必须读成“电站村阿三的伲子考取‘达’镬了”。因为前者用的是方言口语，后者则要用方言书面语。

日子，读成“聂脚”，但日本却不能读成“聂本”，必须读成“实本”。

教书，读成“告丝”，但教师却不能读成“告丝”，必须读成“叫丝”。

问路，读成“盟芦”，但问题却不能读成“盟提”，必须读成“文提”。

艺文杂记

电站村的传统文化植根于江南深厚的历史文化土壤，受王世贞、王锡爵、张溥等历史名人影响很大；山歌民谣、民间文艺等方面则受上海与苏州的双重影响且带有明显的太仓特点。从归属看，电站民歌是吴语娄东民歌的一支，大体上可纳入双凤民歌范畴。随着经济建设的发展与文明程度的提高，村民们对文化的追求也越来越高，村落文化日趋繁荣，农民文化节越办越兴旺。

◉ 山歌民谣

莳秧山歌 夏季里，种田忙，哪有闲人在路旁。脚踩烂泥秧在手，口唱山歌手插秧。

莳秧要唱莳秧歌，两膀弯弯泥里拖。姐看着郎啊，背朝青天脚踩地，眼观六条稻田水，手拿黄秧莳六棵。看得姐姐呀，稻秧田眼心里窝。

摇船山歌 摇一橹来扎一绷，杨林两岸好风光。好花落勒中舱里，野蔷薇花落勒后艄棚。摇一橹来扎一绷，杨林两岸好风光。片片麦田绿油油，秋风送来稻谷香。

对花山歌

其一 啥格花开勒阵阵香？啥格花开勒臭澎澎？啥格花开勒枪篱郎？啥格花开勒朝太阳？月季花开勒阵阵香，梧桐花开勒臭澎澎，蔷薇花开勒枪篱郎，向日葵开勒朝太阳。

其二 啥个花开来心里香？啥人做官勿还乡？啥个河里没有水？啥人落难到襄阳？栀子花开来心里香，徐子建做官勿还乡，天河里面没有水，方卿落难到襄阳。

采桑歌 东南头上有棵桑，爬藤爬到近太仓。春二三月呀养蚕忙，五更里头喜采桑。小娘立在桑树下，心里热荡荡。桑篮挂在桑树上呀，手摘桑叶眼望仔情郎。

接绩歌 小小绩桶四脚撑，阿婆当年做嫁妆，瓦盆挽来杨林水，电站姑娘接绩忙。

踏水山歌 小小个平车么轱辘辘飞，口唱山歌好踏水，要唱大河里涨水浪朝天，只等么东北风吹哎长啊来。

其他山歌 锄草有《锄草歌》，罱泥有《积肥歌》，做衣有《裁缝歌》，织布有《织布小唱》，汰纱有《汰白纱歌》，拓棉花有《拓棉花歌》，绣荷包有《绣荷包歌》，等等，而且还有“摇船调”“龙船调”“秧歌调”“三六调”“小妹娘调”“挑河泥调”“小奴奴调”“关梦调”“小娘喂调”“搭凉棚调”“牵砻调”“开心调”“划龙船调”“打莲湘调”“五更调”“银绞丝调”等不同调子。

◉ 电站村歌

电站村，我可爱的家园

作词：陈永明；作曲：吴利明。

杨林塘的清风，吹绿了秀美的家乡，挂满翠玉的葡萄架下，丰收的欢歌荡漾。改革的春雨，催生了奋发的豪放，蓬勃生机的创业园里，奔腾的旋律奏响。啊，电站村，我可爱的家园，我可爱的家园，生活在这里多么欢畅，为你奋斗，为你奉献，用智慧托起，托起希望，希望。托起希望。

杨林塘的清风，吹绿了秀美的家乡，挂满翠玉的葡萄架下，丰收的欢歌荡漾。文明的新花，开满了温馨的村庄，每一张喜悦的笑脸，和谐的灿烂绽放。啊，电站村，我可爱的家园，电站村，我可爱的家园，生活在这里多么欢畅，为你奋斗，为你奉献，用智慧托起，托起希望，希望。托起希望。

电站村，我们的太仓之仓

2018 年 6 月 27 日，在“不忘初心跟党走”城厢镇纪念中国共产党成立 97 周年歌咏比赛上，电站村的《电站村，我们的太仓之仓》获一等奖。

电站村党员参加镇歌咏比赛（2018 年）

电站村，我们的太仓之仓

1=C $\frac{4}{4}$

♩=112

作词：陈永明
作曲：吴利明

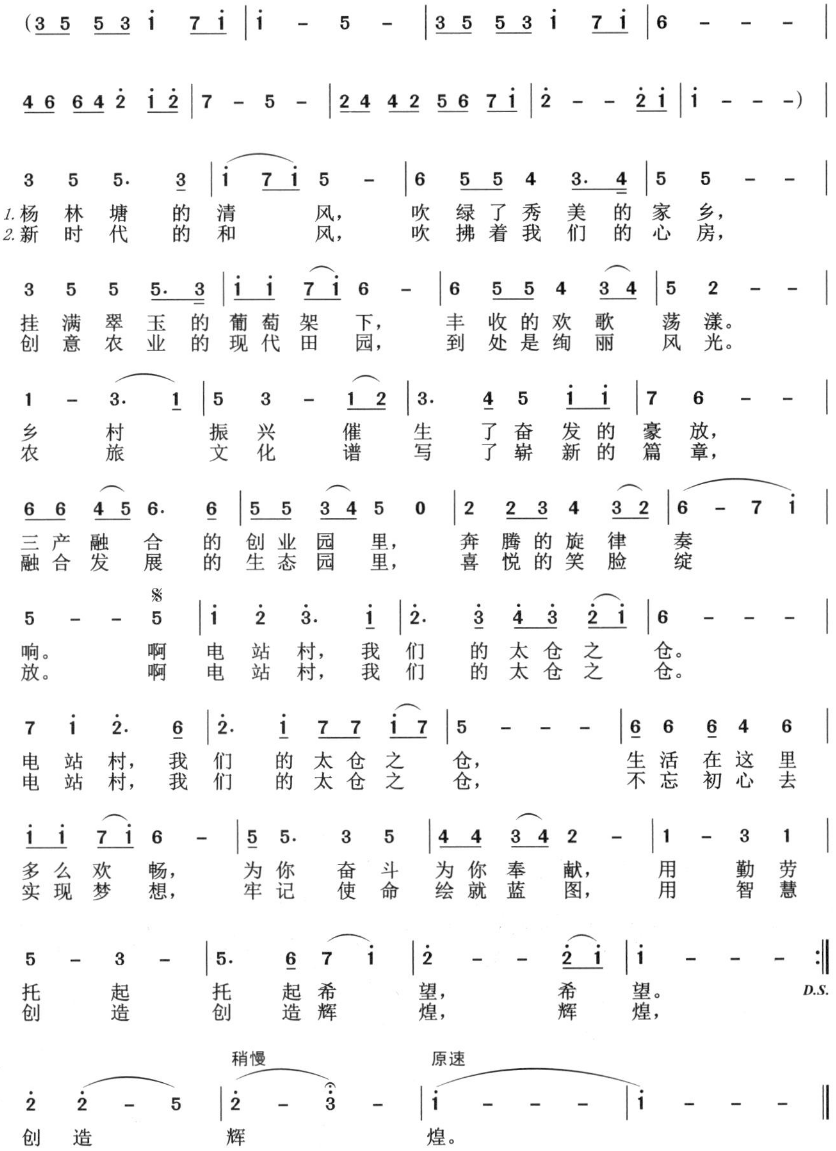

◉ 轶事传说

杨玉龙舍命护民 历史上，电站村也有一些古迹遗痕，但是真正保存下来的古迹，唯有高真堂。

高真堂原址位于新毛镇区，始建于明永乐七年（1409）。有殿堂宫祠、楼阁等房屋80余间，为江浙一带规模较大的道观。清雍正四年（1726）后开始衰败，其间虽经不断维修，仍凋敝破败。“文化大革命”时期又遭到破坏。20世纪80年代后期，由原址搬到现址，位于电站村东南，重新建造真武大殿及几间简易附属房，占地约10亩。后相继造起财神殿、周神殿、武圣殿、猛将殿、观音殿，还有双林庙、观音堂、总观堂以及食堂、办公室等。庙内主供真武大帝、地方神仙“杨太太”，以及其他诸神。

在一所道观中供奉一介平民，事出有因。据记载，明成化元年（1465）太仓县东门杨家村有一富户姓杨名奇福，家中十分富裕，良田千顷，粮食满仓，妻子王氏与之同年，生有两子杨金龙、杨玉龙。杨玉龙从小本性善良、聪明伶俐，一心外出求学，学成回村后，察知村里唯一的一口井有毒气后劝阻村民、难民不能饮用，但百姓不信只管吊水，杨玉龙劝阻无效，为救百姓，毅然跳下井去，以殉身唤醒百姓、挽救百姓。当百姓把杨玉龙从井里抬出，发现其面部发黑，表情严肃，无不动容。于是纷纷捐款捐物将杨玉龙装塑神像供奉于高真堂内，赞其舍己救人、护民身亡之精神。高真堂供奉“杨太太”即源于此。

高真堂主殿（2019年） 焦桐 摄

仗义铁索桥（2019 年） 焦桐 摄

高真堂是电站村不可多得的历史文化遗存和弘扬真善美之所。

仗义泾名称由来 仗义泾俗称长命泾。史传明嘉靖年间，倭寇沿七丫口直入太仓腹地，沿河村民杨姓大汉率众乡民削竹为矛，对抗敌人，大获全胜，此河因此得名仗义泾。

2017 年，电站村为纪念抗倭英雄修建横跨于仗义泾的铁索桥，命名为仗义桥。此桥已成为电站村房车营地的一个附属景点。

新毛芋艿的传说 在太仓新毛农村，历史上有中秋吃芋艿的习俗。

在电站村一带流传着一段有关芋艿的传说。相传明朝年间，倭寇侵犯中国东南沿海，百姓深受其苦。太仓地处长江口南岸，正是戚继光受命抗倭的前沿地带。中秋这一天，戚家军在东南沿海某营地里欢度中秋。半夜倭寇偷袭，将戚家军围困在山上，断其粮草。数天之后，士兵们只好挖野芋艿充饥，煮后竟很好吃，但不知其名。戚继光说："为了纪念遇难的士兵，就叫它'遇难'吧。"一天夜晚，戚家军饱餐"遇难"后奋勇突围，将倭寇全歼在睡梦中。从此以后，东南沿海村民在过中秋节时，都要吃糖烧芋艿，以志不忘民族危难和戚继光的抗倭功绩。但"遇难"之名似乎不讨吉利，便渐渐音变成了"芋艿"。

大力士王曌传说 王曌，生卒不详，电站村域2组人，因力大闻名。王曌身材魁梧，力大无穷，饭量很大，每天要吃七八斤米，大家夸张地形容他是"斗米十斤肉"。他能两手各提 25 千克的一袋米，平举齐肩，走好长一段路，面不改色气不喘。他个性温和敦厚，从不与人争吵，见人总是笑呵呵，就是五六岁的小孩，也喜欢接近他。

一天，有几个好事的人想逗他玩，看看他的力气到底有多大。那天，他身着竹布长衫，足穿黑色布鞋，慢悠悠地在田岸上走着。突然，前面奔来一头水牛，这是那几个好事的人有意闹着玩的把戏，一边喊捉牛一边驱赶着牛往前奔跑，越跑越近，快要撞到王罂身上了。在这一刹那，只见他不慌不忙，用双手使劲地推住两只牛角，往上一举，牛头也跟着向上一仰，乖乖地听话不跑了。王罂说："你们快来拴住牛鼻子，牵着回去吧！"这时戏弄他的人都呆住了，暗暗佩服他真是一位大力士。从此，大力士王罂的名声就传开了。

◉ 史迹印痕

王泾仓场渡口 元明时代，太仓刘家港（浏河）是漕运始发港，各地粮食物品汇聚太仓，在电站村域有王泾仓场，专储漕运物资。今遗址不存，却有渡口保存。

电站村域西有盐铁塘，北有杨林塘，外出很不方便。为了便于过河，便在杨林塘与盐铁塘的交汇处设立摆渡口，因处于王泾仓场遗址附近，当地人称为王泾仓场渡口。解放初期，地属双凤乡南新村总溇沟上有一个名叫摆渡阿生的摆工，和双凤南新村一名杨姓的老妈妈，俗称杨家妈妈，两人一起摆渡谋生。20 世纪 70 年代，仍有摆渡，为大队

杨林塘与盐铁塘交汇处（2019 年）　　焦桐　摄

派人运营。直到东毛观堂大桥建好通车才停止摆渡。

谈家桥 原名兴隆桥。清康熙五十五年（1716），僧道真募资建于杨林塘上，为花岗岩平面条石板梁结构，河面虽阔，但桥身坚实，行人方便。因附近住有谈姓人家，故名为谈家桥。1937 年，国民党十八路军炸掉正桥一段，后改用木质桥面。1951 年曾修理过桥面。1970 年春，拓浚杨林塘时拆除，在原桥身稍东建造中拖桁架拱水泥桥梁，桥长 58 米，宽 3.5 米，仍名谈家桥。80 年代，又因桥身受损而修理过。桥南是电站村，桥北属万丰村。

布机桥 1958 年办起人民公社，社员实行军事化。学校对辖区内的所有学生实行"四同"（同住、同吃、同劳动、同学习），这就是所谓"四集体"。电站村的"四集体"学校设在 21 组徐家宅（原仗义村 9 组）和秦江门南 9 组韩家宅，当时电站村与仗义村属同一大队。学生集中居住在河的南北两岸，先是用船摆渡，很不方便。后来请求公社及大队，研究解决办法，决定在韩徐两个大宅间，跨河架起一座木桥。把收集到的布机卷杖密排起来做桥面，大家称它"布机桥"。在大队拆分时也拆了该桥，但布机桥的印象，还留在人们的记忆里。

电站花苑晨光曲，最美还是环卫人（2019 年） 赵秋萍 摄

名人与名村

电站村虽处乡隅，但历史上也出现过丹青画手、民间郎中、抗日志士。

当代，为帮助电站村发展和振兴，大学教授、农科专家、企业经理、运营高手，都相继来到电站村，为电站村的发展建言献策、指导帮助、牵线搭桥。

◉ 村籍人物

王竹香 生于清代后期，电站村域5组人。以画封侯图闻名乡里。所画山水人物，亦负有盛名。他的封侯画作中，松柏挺秀，山石突兀，猴子姿态有爬有立、有坐有攀、有俯有仰，有的与小蜂戏耍，神态各异，栩栩如生。王竹香因为要画猴而驯养一猴。每画封侯图时就将真猴放置桌前，反复摹拟推敲，故画得逼真。据传，猴子喜欢模仿，王竹香有闻鼻烟嗜好，一天有事外出，忘将鼻烟壶放置妥当，猴子竟然仿效主人闻鼻烟，因吸之过多，呛咳不已，鼻中流血，没有几天就死了。王竹香为之痛惜了好长一段时间。

王竹香祖孙四代擅长丹青。王竹香之子王小香以绘封侯、天官、仕女、花卉、山水而闻名一时。王小香之子王生香，作品比祖父及父亲要差一点。王生香之子王继香，生于民国初期，仍以画封侯图驰名远近。所画人物，非常工细，作品胜过了父亲，跟祖父王小香不相上下。《申报》副刊曾介绍过他的作品及画猴经验。

徐茂荣 生卒不详，电站村域20组农民。擅长中医针灸、拔罐、刮痧，尤以挑痧为一绝。民国时期，百姓生活艰难，生活环境差，时疫多有发生，尤其是夏令时疫流行阶段，农村普通百姓请不起医生，往往请人用针、砭来治病，边用针刺，边用烧热的蔴水热敷，有一定的疗效。挑痧治病能手徐茂荣手法比较高明，远近闻名，上门求医的人络绎不绝。徐茂荣为患时疫的病人医治，只用一根银针一帖中药，治好了很多人，人称挑痧高手。

石舜隆 （1920—1944），学名石家骏，小名石阿兴，电站村域23组人。1944年1月参加新四军。1944年5月，为资助革命活动曾返家装运小麦半囤（计20石）献给组织。

1944年6月27日，石舜隆随部队领导在昆山淀西区尚明甸乡渡河时突遭日伪军搜查，因身上带有武器（手枪）而被捕。敌人拷问无果后，将其残忍杀害。牺牲时年仅24岁。

◉ 名人与电站村

俞明亮与电站桃 俞明亮，1965年10月出生，江苏姜堰人，1990年毕业于南京农业大学园艺系果树专业，1990年8月起在江苏省农业科学院园艺研究所从事核果类果树种质资源与新品种选育工作。俞明亮是国内知名桃育种专家，主要研究方向为桃新品种

俞明亮（右二）在电站村果园讲课并做桃树修剪示范（2015 年）

赵密珍（中）在电站村与村民座谈（2019 年）

选育及种质资源利用。

俞明亮曾数次到电站村实地考察并做专业指导，对于电站生态园水蜜桃和黄桃的优质培育有重要指导作用。

赵密珍指导草莓种植 赵密珍，女，三级研究员。中国园艺学会草莓分会副会长，江苏省草莓协会常务副会长，江苏省草莓品种培育协作公关组首席专家。主要研究方向为草莓新品种选育与种质资源研究。她多次到电站村为村民培训，手把手培养电站村农技人员培植草莓。

2016 年，电站生态园草莓基地能培育成功新品草莓“桃熏”，草莓专家赵密珍的指导培训功不可没。

杨云与电站网络销售 毕业于上海师范大学的杨云博士是品牌运营专家，大数据互联网运营专家。杨云在品牌定位、市场运作、零售拓展、企业标准化信息化和供应链优化、资本运营、业务管理整合等领域有丰富的实战经验。杨云帮助电站村建立了网络销售供应链，使电站生态园农产品产销专业合作社跃上现代化网络销售的平台。

高峰助修村史志 高峰，1964 年生，江苏泗洪人，哲学博士，社会学教授，苏州大学社会学院院长。主持“外来农民工融入城市研究”等国家社科基金项目以及省部级科研项目十多项；曾获江苏省哲学社会科学优秀成果奖与苏州市哲学社会科学优秀成果奖 5 项。有《生活质量与小康社会》《空间理论视角的外来农民工城市融入问题研究》《城乡一体化背景下的人口城镇化》《一个苏南乡村的治理之道：张家港永联村调查》等多部论著。

2017年，高峰带领苏州大学社会学院的十余名师生先后3次进驻电站村考察研究。他们深入社区，对村民进行访谈；翻阅档案，详细梳理电站村发展历程，帮助电站村在档案整理、电子文档建立方面做了大量工作；在村志编写的资料上也做了很多有价值的收集与整理；在村史馆的建设上也有很多帮助。同时，还为宣介电站村，促进电站村对外合作做了许多富有成效的工作。

“白玉兰”连起上海与电站村　许杰，上海交运巴士客运（集团）有限公司（简称上海交运巴士）总经理，法人代表。他跟电站村的“姻缘”源于白玉兰房车露营地。电站村发展乡村旅游，需要吸引周边城市特别是上海的游客，这是一个极大的游客源，同时需要开辟专门的公交线路，还需要有创意的项目推进。这几个方面促成电站村与上海交运巴士的“联姻”。在许杰的多次努力推进下，上海交运巴士旗下的白玉兰公司与电站村签约，在电站村建立白玉兰房车露营地。

2017年12月6日，太仓白玉兰房车露营地首期落成暨上海旅游集散中心直达电站生态园旅游班车首发仪式在电站生态园举行。

电站村获苏州市级以上先进模范人物一览表（按出生年月排序）

表1

姓名	出生年月	职务或职业	主要荣誉
陈培芬	1930年1月	曾任村妇女副主任	全国三八红旗手
金月珍	1940年3月	农民	1982年江苏省劳动模范
马雪林	1940年11月	曾任村会计	1983年全国农业合作经济财务会计先进工作者
毛金华	1952年6月	电站村农技顾问	2008年江苏省农村妇女双学双比竞赛活动女能手 2016年苏州市最美基层巾帼之星提名奖
徐友明	1957年5月	曾任仗义村会计	1998年苏州市农业普查先进工作者
王义平	1960年12月	村党委书记	2006年江苏省“四五”学法用法好家庭 2008年苏州市优秀党务工作者 2009年苏州市建设社会主义新农村带头人 2009年苏州市劳动模范 2010年苏州市乡村旅游先进个人 2011年苏州市城乡一体化改革发展先进个人 2011年江苏省劳动模范 2011年苏州市法制宣传教育先进个人 2015年江苏省吴仁宝式优秀村书记

续表 1

姓名	出生年月	职务或职业	主要荣誉
王义平	1960 年 12 月	村党委书记	2017 年江苏省农村基层党建工作突出贡献奖 2018 年江苏省“二十年村支书” 2019 年江苏省“百名示范村书记” 2020 年苏州市最美退役军人
朱云娥	1962 年 2 月	农民	2006 年江苏省劳动模范
周雅萍	1965 年 4 月	曾任村党委副书记	2011 年苏州市农村妇女创业致富标兵
王培明	1967 年 1 月	职工	苏州市第十一届环卫行业创先争优劳动竞赛先进工人
陶志强	1974 年 10 月	村主任	2007 年全国农业普查苏州市先进个人 2011 年第六次全国人口普查苏州市先进个人
翟建强	1977 年 7 月	支部书记	2015 年苏州市消保委先进个人
杨　丽	1978 年 8 月	村党委副书记	2018 年江苏省优秀工会积极分子
薛　芳	1979 年 8 月	村副主任	2014 年江苏省优秀应急志愿者
沈小芬	1981 年 12 月	村副主任	2016 年江苏省百名电商创业女能人
王光辉	1985 年 2 月	职工	2016 年苏州市粮食行业技能赛二等奖 被授予“苏州技能大奖”荣誉称号

说明：未注明“曾”的职务指 2019 年后在任的

电站村获苏州市级以上集体荣誉一览表

表 2

时间	级别	荣誉
2004 年 12 月	苏州市级	江苏省卫生村
2004—2005 年度	苏州市级	文明村
2006 年 3 月	苏州市级	人口与计划生育工作先进集体
2006 年 4 月	江苏省级	生态村
2006 年 5 月	苏州市级	实践“三个代表”实现“两个率先”先锋村
2006 年 10 月	苏州市级	新农村建设妇女工作示范村
2006 年 12 月	苏州市级	村务公开、民主管理示范村
2003—2006 年度	苏州市级	老年体育工作先进集体
2005—2006 年度	江苏省级	文明村
2007 年 10 月	江苏省级	廉政文化示范点
2007 年 11 月	江苏省级	民主法治示范村

续表 2

时间	级别	荣誉
2007 年 11 月	江苏省级	现代高效农业“三八”示范基地
2007 年 12 月	国家级	计生协工作先进单位
2007 年 12 月	江苏省级	农村信息化建设先进村
2006—2007 年度	江苏省级	百佳农家书屋
2008 年 1 月	国家级	“平安家庭”创建活动先进示范村
2008 年 2 月	苏州市级	建设社会主义新农村示范村
2008 年 5 月	苏州市级	2007—2008 年度绿色建设绿化模范村
2008 年 9 月	国家级	巾帼示范村
2008 年 10 月	苏州市级	科普教育基地
2008 年 11 月	国家级	“一村一品”运动促进奖
2008 年 12 月	苏州市级	纪念改革开放三十周年·苏州 30 个美丽乡村评选活动历史文化之村奖
2009 年 2 月	江苏省级	环境教育基地
2009 年 2 月	苏州市级	2008 年度建设社会主义新农村先进集体
2009 年 2 月	苏州市级	2008 年度先进工农业旅游示范点
2009 年 3 月	国家级	农业旅游示范点
2009 年 6 月	苏州市级	人口和计划生育工作先进集体
2009 年 9 月	苏州市级	十大生态旅游乡村
2007—2009 年度	江苏省级	文明村
2010 年 1 月	江苏省级	社会主义新农村建设示范村
2010 年 1 月	苏州市级	创建“平安农机”、促进新农村建设示范村
2010 年 2 月	江苏省级	残疾人扶贫示范基地
2010 年 3 月	国家级	生态村
2010 年 5 月	苏州市级	社会主义新农村建设档案工作示范村
2010 年 5 月	苏州市级	计划生育示范协会
2010 年 10 月	苏州市级	保护消费者合法权益工作先进集体
2011 年 1 月	苏州市级	“三十佳”江苏省卫生村
2011 年 2 月	苏州市级	农民增收致富十强村
2011 年 3 月	江苏省级	2003—2010 年度绿色江苏建设绿化模范村
2011 年 5 月	江苏省级	“五好”农民专业合作社示范社
2011 年 6 月	国家级	全国科普惠农兴村先进单位

续表 2

时间	级别	荣誉
2011 年 8 月	苏州市级	“和谐苏州，勤廉乡村”廉洁文化观览点
2011 年 12 月	苏州市级	生态文明教育基地
2009—2011 年度	苏州市级	文明村
2012 年 3 月	苏州市级	农村社区消防安全管理先进单位
2012 年 10 月	江苏省级	“一村一品”示范村镇
2012 年 11 月	国家级	中国特色农庄
2012 年 12 月	江苏省级	机关团体企事业单位档案工作规范二星级标准
2010—2012 年度	江苏省级	文明村
2013 年 4 月	江苏省级	模范职工之家
2013 年 5 月	苏州市级	放心消费创建活动先进单位
2014 年 2 月	苏州市级	城乡一体化改革发展先进集体
2014 年 7 月	江苏省级	最具魅力休闲乡村
2014 年 10 月	江苏省级	“平安家庭”创建活动示范村
2015 年 1 月	苏州市级	规范化村人民调解委员会
2015 年 3 月	江苏省级	放心消费创建活动示范单位
2015 年 7 月	江苏省级	巾帼示范专业合作组织
2013—2015 年度	江苏省级	文明村
2016 年 1 月	苏州市级	智慧农业示范基地
2016 年 6 月	苏州市级	先进基层党组织
2016 年	苏州市级	2015 年度三星级农民合作社
2017 年 7 月	苏州市级	智慧农业示范基地
2017 年 9 月	江苏省级	休闲观光农业示范村
2017 年 9 月	国家级	中国美丽休闲乡村
2017 年 10 月	江苏省级	农民合作社示范社
2015—2017 年度	苏州市级	文明村
2018 年 1 月	苏州市级	2017 年度河道养护管理标准化示范河道（仗义泾、秦冈门）
2018 年 7 月	江苏省级	双拥模范单位
2018 年 10 月	国家级	“一村一品”示范村
2019 年 1 月	国家级	第二批全国休闲农业乡村旅游三星级园区
2019 年 6 月	江苏省级	第三批省土地科普基地

续表 2

时间	级别	荣誉
2019 年 11 月	苏州市级	“乡风文明志愿岗”优秀岗位
2019 年 11 月	苏州市级	三星级合作社
2016—2018 年度	江苏省级	文明村
2020 年 1 月	国家级	第二批全国休闲农业与乡村旅游三星级园区
2020 年 4 月	苏州市级	高标准田园小综合体示范基地
2020 年 11 月	江苏省级	2019—2020 年度种植业“百植荟萃”特色果园
2020 年 12 月	江苏省级	生态文明建设示范村

谁持彩练舞碧野，喜看稻菽千重浪（2019 年）　　经州庭　摄

大事纪略

本部分记载的内容涉及对电站村有重要意义的河塘历史和仓储遗迹、电站村的文明创建、农产品与旅游业的整合发展，以及拥军事迹等内容。

◉ 西汉开挖盐铁塘

盐铁塘是太仓市境内南北向的重要河道。盐铁塘在太仓市境内纵交浏河、杨林和七浦，并穿过城厢。盐铁塘在新毛镇境内河段计长5.3千米。电站村域内，南至丁江门，北至杨林塘，长1710米，宽50米，是水上运输的重要通道，也是电站村与双凤镇的界河。

盐铁塘的开挖，可上溯至西汉，史载为吴王刘濞（前215—前154）所开。《史记·刘濞传》:“濞则招致天下亡命者益铸钱，煮海水为盐，以故无赋，国用富饶。”煮盐业吸引四处流民纷至沓来。吴王刘濞为充分利用吴地一带的水陆交通，运送盐铁，即在嘉定冈身带上，开凿了一条与冈身平行的盐铁塘，俗称盐铁河。盐铁塘西北起十一圩港、东南至吴淞江，横贯张家港、常熟、太仓、嘉定，全长95千米。

盐铁塘是人工开挖之河，容易淤塞，故历代志书记载，疏导频繁。从元泰定三年（1326）起，共疏浚27次，其中开挖太仓南段的有7次、开挖太仓北段的有5次、段落不明者15次。按朝代计，元代2次、明代15次、清代7次、新中国成立后3次。2011—2014年，水利部门对盐铁塘部分护岸进行整治，工程标准按防洪50年一遇、排涝20年一遇设计。

◉ 宋代开拓杨林塘

杨林塘为太仓市境内东西向第三大河，西起阳澄湖，经昆山、太仓，东从杨林口入长江。太仓市境内河段长26.35千米。新毛镇境内河段长6.14千米。流经电站村域的河段全长3100米，宽70米。

据《太仓州志》记述，宋景祐元年（1034），苏州知府范仲淹为疏导诸邑之水，亲诣海滨，开拓五大河，使东南入淞江，北入扬子江。杨林塘是其中之一。其后屡经疏浚，连同开掘，宋代2次、明代9次、清代7次、解放后3次，共21次。2010年及之后的多次拓浚没统计入内。

解放后杨林塘的3次拓浚分别为1958年盐铁塘以西段，1959年姚王湾到仪桥段，1970年拓浚杨林塘与盐铁塘到姚王湾一段。原来河道弯曲，河身浅狭，航行受阻，几次拓浚后河面宽阔，河床深邃，航行、泄水便捷。建水闸后，控制蓄泄，从根本上排除了内涝和干旱，确保作物丰收。2010年及以后，又经多次疏浚拓宽，杨林塘成为水上运输、抗旱排涝的重要通道。

元代成为太仓之仓

太仓历来是皇粮囤积之地，尤其是元、明时期漕运改从刘家港走海路，称为海漕，太仓因此兴盛。其中电站村域西北28组内有元、明两代漕运转运地王泾仓场原址，太仓各地物产大多由此转运京城，因此被称为“太仓之仓”。一度运粮繁忙，人烟稠密，船只来往频繁，附近一带人民赖以生活的颇多。旧时盐铁塘与杨林塘接连的那段河流称王泾，故有王泾仓场之称。这一带是产粮富庶区域，而王泾仓场位于杨林塘与盐铁塘的交汇之处，船运极为方便。粮食于此上船，从盐铁塘转至浏河塘，然后从浏河口出海，顺风顺水，十天半月即可抵达天津大沽。

2005年起五获省文明村

电站村的文明村创建，从2003年开始。

2003—2004年度，电站村被太仓市精神文明建设办公室评为“太仓市文明村”。2004—2005年度，电站村被苏州市精神文明建设指导委员会评为“文明村”。2005—2006年度，电站村被江苏省精神文明建设指导委员会评为“江苏省文明村”。

首次入选江苏省文明村

2007—2009年度，电站村第二次被江苏省精神文明建设指导委员会评为“江苏省文明村”。2010—2012年度，电站村第三次被江苏省精神文明建设指导委员会评为“江苏省文明村”。2013—2015年度，电站村第四次被江苏省精神文明建设指导委员会评为“江苏省文明村”。2016—2018年度，电站村第五次被江苏省精神文明建设指导委员会评为“江苏省文明村”。

◉ 2008 年获国际“一村一品”运动促进奖

太仓市城厢镇电站村因葡萄产业特色突出，在 2008 年“一村一品”国际研讨会上，荣获国际“一村一品”运动促进奖，全国仅有 6 个村、江苏省仅 2 个村入围。

从 2005 年起，电站村葡萄产业经过近三年的发展，成为太仓高效农业和品牌农业的样板，当时该村共有葡萄种植面积近 600 亩，全部采用设施种植。在成功申请成为绿色食品之后，电站村葡萄还注册了商标，设计了漂亮的包装。优良的品质加上良好的市场营销，电站村葡萄上市以来，每千克 40 元的价格依然供不应求，据测算电站村的葡萄每亩种植效益达 4 万元左右，其“夏黑”“巨峰”葡萄分别获得“中山杯”全国南方优质葡萄“金奖”“银奖”等多个大奖。2008 年 7 月 26 日，中国农学会葡萄分会会长修德仁先生在参观电站村葡萄种植园时，高度评价了电站村葡萄产业的快速发展，认为电站村葡萄产业特别是设施栽培发展很快。

◉ 2016 年创办白玉兰生态旅游发展有限公司

白玉兰生态旅游发展有限公司由上海交运巴士客运（集团）有限公司、太仓交运集团有限公司、苏州恒仁义信贸易有限公司和太仓市城厢镇电站村 4 家单位投资组建而成。

2017 年 6 月 5 日，电站村白玉兰房车露营地一期开工建设，至 2017 年 11 月底，已完成服务中心、17 个停车位（其中移动车位 8 个，固定车位 9 个）、9 辆拖挂式房车和房车营地绿化景观及配套设施建设。

2017 年 12 月 6 日，太仓白玉兰房车露营地首期落成暨上海旅游集散中心直达电站生态园旅游班车首发仪式在电站村举行。

一期剩余工程，监控、办公用房、观光电梯、亲子游乐区项目尚余部分安装及装修工程量，于 2018 年 4 月 30 日全部完工。

◉ 2018 年荣膺双拥模范单位

2008 年，电站村建立退役士兵创业实践基地，定期开展相关业务培训和讲座，为有创业愿望和就业能力的退伍军人实施帮扶援助，实现开发式帮扶，鼓励自主创业，解决退伍军人就业和再就业问题。每年培训退伍士兵。

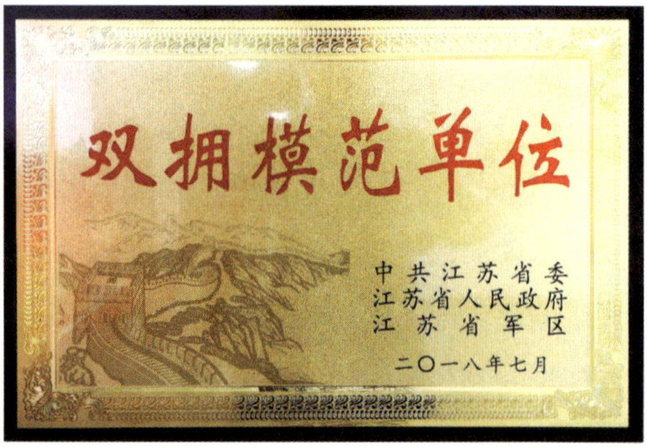

“双拥模范单位”匾额

2015 年建成的双拥公园，是以拥军为主题建设的休闲公园，其间挂有多幅介绍电站村优秀退伍军人事迹和拥军优属、拥政爱民、双拥共建、双向奉献及夯实双拥基地、共建和谐电站的宣传屏。

2016 年建起拥军蔬菜基地，与几个驻军食堂建立长期配送副食品的合作关系，为驻地部队官兵提供新鲜绿色食品，确保部队后勤保障。

2017 年，在电站生态园内，建起老兵茶舫，供退伍军人休憩和交流。

电站村建立双拥工作服务小组，帮助优抚对象解决生活、经济困难，妥善安置退伍军人。电站村建立特色“拥军”项目，结合农旅发展，开展多样化的拥军活动，也为在籍官兵和退伍军人解决实际生活问题。电站村为退伍军人提供多种创业就业机会。在电站村工业小区落户的 72 家企业中，就业退伍军人有 100 多名。

2009 年 7 月，王义平被太仓市民政局授予“优秀退伍军人”称号。在王义平的带动下，电站村涌现出一批优秀的退伍军人。2018 年 7 月，中共江苏省委、江苏省人民政府、江苏省军区授予电站村“双拥模范单位”称号。

◉ 2019 年中国人民大学启动电站村乡村文旅策划

为推进乡村振兴战略落实落地，推动电站村一、二、三产业融合发展，受城厢镇镇党委及电站村村党委委托，中国人民大学文化产业研究院在 2019 年 12 月底组建 5 个专业项目组形成项目团队，开始电站村文旅产业发展策划工作，力求突破电站村区域面积，形成更开放创新的产业结构，探索乡村产业发展的新引擎、新动力。同时，该院授牌电站村为“中国人民大学文化产业研究院文化振兴乡村实践基地”。

经过多次现场调研、开会座谈、沟通汇报，项目团队从历史、自然、人文等领域寻找电站村文化特殊性，以外部高端资源导入形成其文化唯一性，策划了电站村文旅IP“电大萌”，未来“电大萌”IP将赋能电站村全产业链。

项目团队提出电站村“一二三+N”发展模式，即以“国际田园艺术综合体”作为电站村的总体发展目标，以现代农业为核心、文旅产业和冷链产业作为产业发展的双引擎，将IP赋能、国际高端文化艺术资源导入、双拥助力作为产业发展的3个助推器。通过农产品IP化升级、文旅产业IP化、国际艺术与乡村振兴高峰论坛、国际乡村艺术节、艺术驻留计划、艺术教育培训、退役军人创新创业学院、全国退役军人艺术节等多个项目作为产业助推燃料，打造乡村文旅带动全产业链联动发展的田园综合体模式，树立具有全国意义的乡村振兴创新典范。

笔直康庄道，富民强村路（2019 年）　　经州廷　摄

附　录

太仓市电站社区股份合作社章程

第一章　总　则

第一条　为建立适应社会主义市场经济发展要求，成员共有，自我管理，共同得益的集体资产管理体制和运行机制，不断提高集体资产的运行质量和增值水平，明晰村级集体经济组织财产的权属，巩固壮大集体经济，实现共同富裕目标，根据国家有关法律、法规和上级有关政策，成立太仓市电站社区股份合作社（以下简称本社），特制定本章程。

第二条　本社是以社会主义公有制为主体的社区性合作经济组织。实行独立核算、民主管理、利益共享、风险共担，确保集体资产保值、增值。

第三条　本社受村党委领导，接受上级主管部门的指导、管理和监督。

第四条　本社所属的集体财产、土地等经营性、资源性、非经营性资产，均为本社全体成员所有，任何单位和个人不得侵占、平调、肢解。

第五条　本社所在地：太仓市城厢镇电站村。

第二章　社员与股权

第六条　社员

在 2014 年 12 月 31 日之前（以下简称截止日），（1）已享受拆迁失地安置人员（不包括安置后死亡的人员）；（2）未拆迁户符合失地安置条件的人员；（3）在截止日之前户籍迁回本村或阳光美地、电站花苑的人员，指新生、新婚入、离婚迁回人员及子女（必须是农业户口并由原所在地村、社区出具未享受股份分红证明）、原本村农村户口买城镇户口在动迁安置过程中未享受失地安置的人员；（4）在本村两委会或合作社连续工作 3 年以上，愿意为社区股份合作社服务，承认本章程，可拟定为本社社员。

第七条　股权

本社设个人分配股，其所有股权均归本社集体所有，个人取得的股权只享有分配权。股权不得转让，不得买卖、抵押，不得退股提现。

第八条　股权设置

一、个人分配股用以个人年终享受红利分配，均以户为单位计入股权证书，并按户发放给股权证书，作为领取红利的依据。

二、个人分配股设定：

1. 至截止日，凡符合下列条件的社员每人可享受 1 股个人分配股：

（1）已享受拆迁失地安置人员（不包括安置后死亡的人员）；

（2）未拆迁户符合失地安置条件的人员；

（3）在截止日之前户籍迁回本村或阳光美地、电站花苑的人员，指新生、新婚入、离婚迁回人员及子女（必须是农业户口并由原所在地村、社区出具未享受股份分红证明）、原本村农村户口买城镇户口在动迁安置过程中未享受失地安置的人员。

2. 下列人员不享受个人分配股：

（1）户口挂靠、买房迁入、农迁入人员（指新四组、五组人员）；

（2）国家机关公务员和参照公务员执行的机关工作人员及离退休人员；

（3）事业单位、金融机构、学校、医院正式职工；

（4）国营和大集体企业享受固定退休工资（包括顶替享受的）。

3. 享受个人分配股的人员以后如成为国家机关工作人员或事业单位、金融机构、学校、医院正式职工或其他不符合享受个人分配股的人员及死亡人员，待换届时取消其所享有的股份，换发该户股权证书。

4. 劳教、服刑人员，在劳教、服刑期间，保留个人分配股权益，但劳教、服刑期间不享受分红。

第三章　股份与管理

第九条　股份

本社总股份由个人分配股构成。总股本以截止于 2014 年 10 月 31 日，经城厢镇农村经营管理站和村民主理财小组清理核实的村经济合作社集体资产净值为基准，总资产 4589 万元，负债总额 804 万元，净资产 3785 万元，总股份 2569 股（其中个人分配股 2568 股、预留股 1 股），每股 1.47 万元。

第十条　村经济合作社所有的农业用地、河塘等资源性资产暂不折股，这些资产由本社统一管理经营。今后国家征用土地，相应补偿一律属本社所有。

第十一条　本社负责经营和管理上述资产、股权，并受国家法律保护，任何单位和个人不得侵犯。股份确定后，原则上在本届届期内不作变动，可以继承，但不得馈赠、不得转让。届满后，个人分配股是否变动、新增资产是否晰股量化，由社员代表大会商议决定。

第四章 权利和义务

第十二条 年满 16 周岁以上社员有选举权和被选举权。

第十三条 凡拥有本社股权的人员，有下列权利：

(一) 有权对本社的各项工作提出意见和建议，对财务、资产运行情况进行民主监督；

(二) 享有本社提供的生产、生活服务和集体福利；

(三) 享有股红分配权。

第十四条 凡拥有本社股权的人员，应履行下列义务：

(一) 执行党和国家的方针、政策和法律、法规，遵守本章程、《市民守则》和《村规民约》的各项规定；

(二) 积极参加社区各项社会公益活动；

(三) 按规定足额缴纳各类税、费；

(四) 履行国家法律、法规规定的相应义务。

第五章 组织与机构

第十五条 社员代表大会，是本社的最高权力机构。本届社员代表共 63 名，社员代表由村民直接提名、经村民代表大会直接选举后产生。社员代表每届任期五年，可连选连任。

社员代表大会每年至少召开一次，遇有特殊情况或三分之二以上社员代表提议，可以召开社员代表临时会议。

社员代表大会行使以下权力：

(一) 通过和修改章程；

(二) 选举和罢免董事会、监事会成员；

(三) 审议和批准本社发展规划、年度计划、财务预 (决) 算和分配方案；

(四) 听取董事会、监事会的工作报告；

(五) 讨论和通过董事会提议的其他事项。

第十六条 董事会

董事会是社员代表大会选举产生的常设执行机构。董事会成员由社员代表大会选举产生，董事会候选人由村党组织从社员代表中提名，候选人报镇党委批准后，获得到会代表半数以上票数方可当选。董事会由 5 人组成，每届任期五年。董事会设董事长 1 名，可以连选连任。董事长由董事会选举产生，董事长为合作社的法定代表人。

董事会在社员代表大会闭会期间行使下列职权：

(一)执行社员代表大会决议；

(二)聘任、解聘本社所属部门的负责人；

(三)负责召开社员代表大会，并报告工作；

(四)决定发展计划、经营方针和投资方案，制订年度财务预算和决算，审批下属企业年度计划和财务预(决)算及分配方案；

(五)决定本社内部机构的设置；

(六)制定本社的管理制度。

第十七条　监事会

监事会由社员代表大会选举产生。监事会由5名成员组成，任期五年，可以连选连任。监事会人员不得由董事会成员、财务负责人兼任。

监事会行使下列职权：

(一)决定民主理财小组检查本社财务，并定期公布；

(二)对董事会成员、董事长执行社务进行监督，对董事会人员有违反本章程的行为，要予以纠正；

(三)提议召开董事会、临时社员代表大会；

(四)列席董事会会议。

第六章　财务与管理

第十八条　本社执行农业部、财政部颁布的《村合作经济组织财务制度(试行)》，财务及管理上受太仓市农办及城厢镇农经站领导管理及业务指导，合作社实行民主理财和监督。财务收支情况和资产营运情况，向社员公布，实行社务公开。

第十九条　本社所有的财产必须登记造册，建立台账。固定资产必须按规定提取折旧。

第二十条　本社贯彻勤俭办社、民主理财的方针，开支要有预算，严格审批制度，正确处理国家、集体、社员三者关系，严格控制非生产性开支，杜绝铺张浪费。

第七章　收益与分配

第二十一条　本社的收益主要来源于经营性资产的经营收入和土地等资源性资产发包收益、出租收入，合作经济组织经营收入。本社的可分配收益是指当年的各项收入，减各项支出（包括村务支出），减应缴纳的税金。

股红分配顺序。本社当年可分配收益中，提取20%公积金、20%公益金、20%公益事业建设基金，剩余部分（原则上不低于30%）按股分红。

第二十二条　本社的股红分配，严格遵循股权平等、同股同利的原则，每年一次。在每年年终结算后于春节前兑现，凭股权证书领取。股权证书限作领取红利的凭证，不作其他使用。股权证书遗失时要向本社报失，申请办理补发手续。

本社为了发展需要，经社员代表大会讨论通过，可适当调整当年提留和分红的比例。

第二十三条　本社遇不可抗拒的自然灾害和不可预料的自然、市场变故而造成减收或亏损，经社员代表大会讨论，可减发或停发当年红利，但第二年不再补发。

第八章　附则

第二十四条　本章程经第一届第一次社员代表大会通过后生效，由董事会负责解释。（在筹备阶段由股份合作社领导小组负责解释）

第二十五条　本章程须符合国家相关政策、法律、法规，一旦有抵触，以国家有关政策、法律、法规为准，章程另行修改。

2014年11月13日

太仓市电站村农耕文化、乡村旅游规划方案

（2016年5月13日）

一、现状与基础

1. 依托金仓湖旅游资源开发，经过多年培育，电站村初步形成集生态、休闲、观光、旅游为一体的生态村庄和农家乐园，先后荣获“全国农业旅游示范点”“国家级生态村”“中国特色农庄”“江苏省最具魅力休闲乡村”“苏州市十大美丽乡村”等荣誉称号。

2. 迄今为止，电站村生态园拥有耕地3183亩，标准大棚800多个，连栋大棚5万平方米，林果种植1000亩，主要种植葡萄、早春红玉西瓜、甜瓜、草莓、翠冠梨、黄桃、枇杷、猕猴桃、火龙果、樱桃等特色林果以及绿色农产品，仅葡萄就有十多个品种。2014年实现农产品销售2100万元，利润660万元。

3. 电站生态园是太仓最早开放接待的农业旅游项目之一，结合休闲观光、亲子采摘、夏令营活动，以及各类旅游推介、进城展销等手段，2014 年生态园游客接待量达 5.5 万人次。

4. 利用现代网络交易平台，开设微信公众平台、微信电销平台，开通直销配送，让广大消费者能够第一时间了解生态园活动、农产品信息等。

二、市场与需求

5. 随着小康社会的全面建成，老百姓对休闲旅游、观光度假等方式有了新的追求，期待在天蓝、地绿、水碧、宁静的环境里生活，走出城市，向往农村，已成为当下人们的休憩选择。

6. 若按市场分类的话，中老年之中高端人群渴望乡村养老居住，城市精英之情侣、阖家或老少等寻找远逝的乡村，寻觅儿时记忆，原来农家乐形态远远满足不了，农业旅游呼唤转型升级，配套发展，希冀用更加多样化、便捷化的功能，吸引更多的城市游客远近悦来。

7. 现代田园城，美丽金太仓，是太仓现代旅游发展的定位，也是太仓城市形象的展示。根据电站村已有农业生态旅游基础，电站村的农业旅游项目与周边古镇古村、生态农庄景点错位发展，相互补充，形成独具地域特色的农业生态游，即“果蔬产业带动旅游发展，旅游发展促进壮大果蔬产业”。

8. 电站村地处太仓城市“绿肺”地带，紧靠城市郊野金仓湖公园，沿江高速太仓开发区、沙溪出口、苏州绕城延伸苏昆太高速双凤出口，以及 204 国道、东亭路太沙线均能直抵电站村。

三、规划与布局

总规划建设及已建成需改造的项目 16 个，总投资约 5000 万元，计划分五年实施，其中 50% 村级自筹，10% 争取项目资金扶持，40% 争取其他经费支持。目前旅游设施计划用地情况：建筑用地 12.31 亩，场地及停车场用地 9.1 亩，总 21.41 亩（其中基本农田已调到一般农田的面积有 12.72 亩）。我们将在上级政府和相关部门领导的支持和帮助下，把 8.69 亩基本农田调整为一般农田，电站村的规划将切实符合太仓市和城厢镇整体规划（预留区指标），并且逐步争取建设用地指标。

9. 规划的《太仓市电站村农耕文化、乡村旅游方案》是未来电站村农业旅游的综合规划。主出入口设在东仓路延伸段，进入生态园停车场后，按照不同需求划分各个功能区域，由林果种植区、有机蔬菜种植区、全程机械化蔬菜种植区、香草种植区、温室大棚区、莲藕种植区、开心农场、花卉大世界、农耕文化风情园、竹种科普及盆景园、“双拥”主题公园、桃花岛、垂钓区、体育公园等部分组成。

10. 按照农业生态旅游相关要求，大门口中央设立应急指挥中心，对可能出现的旅游突发、意外事件，涉及公共安全、人身财产安全等事件进行协调处置。

11. 根据总体规划设计，各个区域的筹建项目已经拉开帷幕，有的已经建成，有的初步建成，有的准备实施。现将具体进展情况作简要说明。

已建成的项目

12. “双拥”主题公园：园内设有秋千座椅、长廊亭，绿树环绕，漫步石卵小径心旷神怡。

13. 桃花岛：45 亩连片桃花盛开时灿若烟霞，美不胜收，桃树下放养家禽，综合开发。

14. 垂钓区：垂钓中心位于电站生态园区东部，水面积达 60 亩左右，可同时容纳 300 人以上参加正规比赛，塘内养殖鲫鱼、鳊鱼、草鱼、青鱼、花鲢、白鲢等品种。

15. 体育健身园：集现代运动与古代健身为一体的新型健身园，既有全套健身路径等现代化的体育设施，又有古代秋千、蹬板、翘板等强身物件，同时，这里也是青少年拓展培训基地，可接待团队来此实践锻炼。

16. 温室大棚区：占地 40 亩。温室大棚具有良好的透光、保温效果，是栽培植物的设施，能提高生育期和增加产量，目前主要有火龙果、蓝莓、樱桃、草莓等。

17. 莲藕种植区：约 30 亩，生态荷田，百里荷香。这里不仅可以夏赏荷，还可以秋尝藕。

初步建成的项目

18. 已建成 1000 亩林果，计划再逐步扩大 800 亩，主要种植葡萄、枇杷、梨、桃及热带水果等精品水果，有望实现果品亩均产量 1000 千克，亩均效益年 1.8 万元。

准备筹建项目

19. 有机蔬菜种植区：计划 200 亩。整个生产过程严格按照有机农业的生产方式进行，不使用农药、化肥、生长调节剂等化学物质，以保证其品质的营养丰富、无污染等特点。亩产约 1250 千克，每亩效益约 12500 元。

20. 全程机械化蔬菜种植区：计划 100 亩。代替传统人工作业，改变蔬菜种植方式，实行全程机械化种植，提升蔬菜生产技术水平，加速蔬菜生产机械化进程，提高蔬菜生产综合能力。

21. 开心农场：计划推出 100 亩。所有对“地主”感兴趣的游客可以通过认租土地方式种植自己想种植的蔬菜瓜果。分为自行种植和委托种植，如果因工作繁忙而不能照料，农场会有专职人员来照料。吸引城市居民参加农业种植实践，将虚拟的开心农场转变为现实版的开心农场，让城市游客在闲暇之余成为开心农夫。

22. 花卉大世界：计划 30 亩。引进各类鲜花品种及绿色盆景。依托得天独厚的自然环境，丰富的生态资源，花卉大世界在不同的季节展示各具特色的田园风光。

23. 农耕文化风情园：总占地约 120 亩（包括香草种植区），有亭台楼阁、游船码头、长廊、花架、绿化景观。另外还设立水车体验区，区内设施齐全，服务项目配套，引进风车水车等旅游观光设施，普及农科知识，帮助游客体验农家生活。

24. 香草种植区：种植大片的薰衣草，其叶形花色优美典雅，蓝紫色花序颀长秀丽。薰衣草开放之际供游客观赏，其香气清爽，芬芳宜人，干燥的花枝也可编成具有香气的花环。

25. 竹种科普及盆景园：计划 120 亩，引进“中国竹乡”安吉多个竹种，展现清风摇曳、竹影婆娑的景观，游客不仅能了解到竹子习性、分布，还能利用竹子的历史欣赏精彩绝伦的竹文化。

26. 休闲度假区：内有配套设施完善的温泉和游泳休闲区 1412 平方米，茶文化书画艺术休闲体验园 10776 平方米，度假木屋区 8452 平方米（其中第一住宿区 2652 平方米，第二住宿区 3088 平方米，第三住宿区 2712 平方米）、度假餐厅 3000 平方米，兰文化休闲体验园 17289 平方米，配套齐全，没有城市的喧嚣，充分融入自然，有利于身心健康，开阔视野。

计划总投入资金约 5000 万元，分五年实施，其中村级投入 2500 多万元。具体如下：

（1）指挥中心投入 220 万元；

（2）服务中心投入 252 万元；

（3）农耕文化风情园投入 112 万元；

（4）体育公园投入 506 万元；

（5）花卉大世界投入 230 万元；

（6）温泉及游泳休闲区投入 210 万元；

（7）兰文化休闲区投入 272 万元；

（8）竹种科普及盆景观赏区投入 192 万元；

（9）茶文化、书画艺术休闲区投入 104 万元；

（10）第一住宿区投入 667 万元；

（11）第二住宿区投入 793 万元；

（12）第三住宿区投入 883 万元；

（13）开心农场投入 80 万元；

（14）小吃街和停车场等投入 230 万元；

（15）水电设施和部分设施改造投入 80 万元；

（16）绿化、污水处理等 220 万元；

共计 5051 万元。

四、效益与展望

27. 建成具有太仓现代林果风情特色的规模化农庄，成为太仓农业旅游的一个景点亮点，不断增加旅游人气，扩大影响力，带动林果销售，提高林果产品的附加值，通过餐饮、住宿、娱乐等的带动将产生很大的经济效益，预计 6~8 年的时间就可以取得经济回报。

28. 致力打造农业休闲旅游的“升级版”，将观光、休闲、度假与农产品产销有机结合，通过体验式深度参与，带动农产品销售，让更多绿色农产品走上城市人的餐桌，为广大消费者“舌尖上的安全”提供保障。

29. 将农业生产与农业旅游、农民收入、农村繁荣紧密联系，通过农产品的销售，加快农村经济发展，加快城乡一体化步伐。

30. 为周边城乡居民提供新的旅游选择，可与周边其他旅游景点组成“菜单”，丰富太仓一日或多日游景点。城郊接合部的农业旅游项目，可采摘、可休闲、可娱乐，走进大自然，感受田园风光，满足大多居民群众的周末节假日需求。

五、诉求与期待

31. 资金，除自筹外，希望得到政府的支持和外来的投入。

32. 农业旅游的发展需要硬件和软件设施的投入，希望能得到市级相关部门、城厢镇相关领导的支持与帮助，特别是土地指标方面，计划建设用地约 20 亩，需得到大力支持协调解决。

附土地情况一览：

一、目前基本农田已调到一般农田的面积为 12.72 亩

二、旅游设施用地面积为 21.41 亩

具体分布如下：

A. 建筑用地面积 12.31 亩

（1）游客集散中心 1692 平方米

（2）小吃街 385 平方米

（3）体育公园 329 平方米

（4）花卉大世界 96 平方米

（5）温泉和游泳休闲区 504 平方米

（6）兰文化休闲区 314 平方米

（7）盆景观赏区 234 平方米

（8）第一住宿区 1326 平方米

（9）第二住宿区 1544 平方米

（10）第三住宿区 1356 平方米

（11）农耕文化风情园 427 平方米

共计 8207 平方米

B. 场地及停车场面积 9.1 亩

（1）体育公园场地 840+245+522=1607 平方米

（2）游客集散中心停车场及场地 4466 平方米

共计 6073 平方米

三、生态小路及生态停车场面积 46.6 亩（草坪和沙石地）

（1）游客集散中心 2710 平方米

（2）开心农场 1815 平方米

（3）体育公园 10200+3602+648=14450 平方米

（4）花卉大世界 1326+1005=2331 平方米

（5）温泉和游泳休闲区 1085+90=1175 平方米

（6）兰文化休闲区 425+225=650 平方米

（7）盆景观赏区 2002+225=2227 平方米

（8）第一住宿区 343+360=703 平方米

（9）第二住宿区 739+360=1099 平方米

（10）第三住宿区 1086+225=1311 平方米

（11）农耕文化风情园 2601 平方米

共计 31072 平方米

中国·电站村乡村文旅产业发展策划方案

（2020 年 5 月）

第一章 背景篇

一、政策背景

1. 国家乡村振兴战略利好

党的十九大提出实施乡村振兴战略，把“三农”对于国计民生的重要性提升至国家战略地位，按照“产业兴旺、生态宜居、乡风文明、治理有效、生活富裕”的总要求，科学有序推动乡村产业振兴、人才振兴、文化振兴、生态振兴和组织振兴。

为贯彻落实 2019 年中央 1 号文件、《国务院关于促进乡村产业振兴的指导意见》精神，农业农村部制定了《2020 年乡村产业工作要点》，提出加快推进产业融合发展，提升乡村产业层次水平，大力发展农产品加工业，夯实乡村产业发展基础，聚力发展乡村特色产业，拓展乡村产业发展空间，积极发展乡村休闲旅游，增添乡村产业发展亮点。

2020 年将认定一批农村一二三产业融合发展先导区。以资源集聚区和物流节点为重点，促进产业前延后伸、横向配套、上承市场、下接要素，构建紧密关联、高度依存的全产业链，培育生产、加工、流通、物流、体验、品牌、电商于一体的产业集群，打造乡村产业发展高地。

2. 乡村旅游成为助力乡村产业、经济发展的有效手段

乡村旅游近年来一直处于被凸显的地位，而发展乡村文旅产业，助力乡村经济增长，也是长期以来中央指导全国“三农”工作的重要思路之一。

2018 年国务院发布《关于促进乡村旅游可持续发展的指导意见》，强调乡村旅游的发展对拉动乡村经济，提升村民收入的重要影响。

2019 年国务院继续发布《关于进一步激发文化和旅游消费潜力的意见》，特别指出

要积极发展休闲农业，大力发展乡村旅游，实施休闲农业和乡村旅游精品工程，培育一批美丽休闲乡村，推出一批休闲农业示范县和乡村旅游重点村。

乡村旅游是旅游业的重要组成部分，是实施乡村振兴战略的重要力量。目前，我国乡村旅游蓬勃发展，产业规模不断扩大，新产品、新业态、新模式不断涌现，产业边界处于不断变化和拓展的过程中，乡村旅游的概念和内涵也在不断丰富发展。2019 年 7 月，文化和旅游部、国家发改委确定第一批 320 个全国乡村旅游重点村。

3. 田园综合体是践行国家乡村振兴战略的最佳形式

田园综合体是集现代农业、休闲旅游、田园社区为一体的乡村综合发展模式，目的是通过旅游助力农业发展、促进三产融合的一种可持续性模式。多是在发达地区城市的郊区，一些有资源的小城镇或美丽乡村，将循环农业、创意农业、农事体验集于一体，将“三生”与“三产”有机联合，使农村的物质生存空间、产业发展空间与精神生活空间等捆绑在一起，推动当地经济产业提升和城镇化进程。

二、市场分析

1. 乡村旅游市场分析

国内旅游消费升级、国家出台新休假制度、高速小长假免费政策等因素，有效激发了都市人群的出游意愿，游客的消费能力、消费行为、消费格局正发生根本性变化，进一步激活了度假休闲的旅游市场需求。近年来我国游客人数稳定增加，旅游业总收入一直保持两位数的增长，市场空间巨大。根据文旅部统计数据，2019 年我国旅游总收入 6.63 万亿元，旅游业在 GDP 占比 11.05%。

我国休闲农业和乡村旅游已成为城市居民休闲、旅游和旅居的重要目的地。《全国乡村旅游发展监测报告（2019 年上半年）》发布数据显示，2019 年上半年我国乡村旅游人数 15.1 亿人，同比增加 10.2%；总收入 0.86 万亿元，同比增加 11.7%。截至 2019 年 6 月底，全国乡村旅游就业总人数 886 万人，同比增加 7.6%。受旅游人数不断增加和乡村旅游热情不断高涨等因素的影响，我国休闲农业与乡村旅游收入不断增加，至 2018 年我国 30 亿乡村旅游游客共实现 8000 亿元的旅游收入，占国内旅游总收入的 13.4%。

2. 从“2019 年中国文化消费指数”看文化旅游市场

从中国人民大学文化产业研究院（简称人大文产院）发布的“2019 中国文化消费指数”研究看，2019 年人均文化旅游消费支出多集中在 500～3000 元（不包括交通、住宿、餐饮，受访者用于景区门票、景区游乐项目以及带有特色文化体验属性的食宿等文化旅

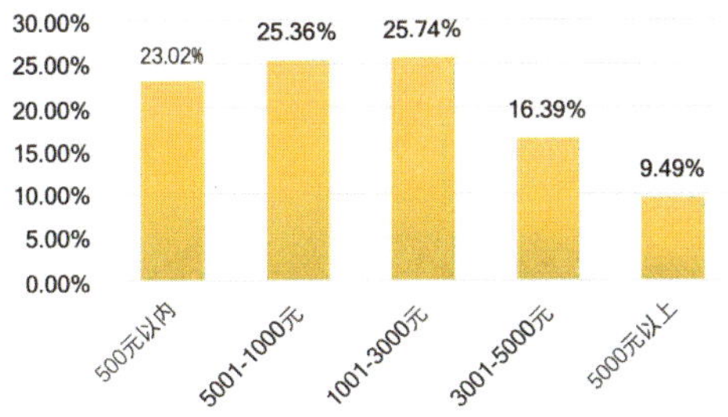

附图 1 2019 年受访者文化旅游实际支出

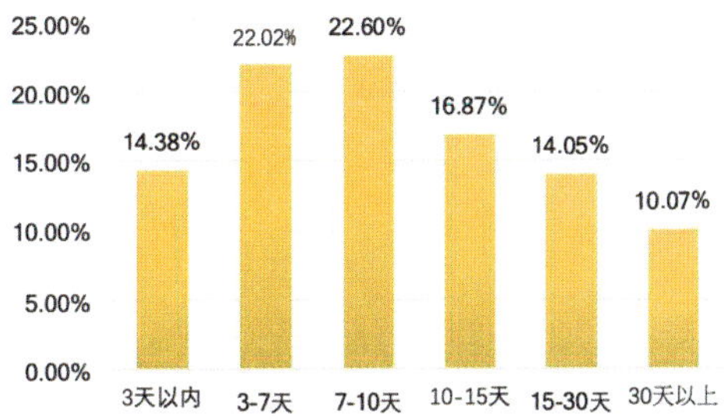

附图 2 2019 年受访者文化旅游实际花费时间

游的年支出）。而在文化旅游支出意愿的问题上，受访者希望每年用于文化旅游的最大支出在 3000～5000 元及 5000 元以上的比例明显增多。因此，意愿支出和实际支出有较大的差距，也反映出文化旅游存在较大的发展空间。

从用于文化旅游的时间来看，近一半的受访者表示每年用于文化旅游的时间为 3~10 天，能够达到 15 天以上的明显较少。而在文化旅游时间意愿的问题上，近一半的受访者希望每年用于文化旅游的时间在 10 ～ 15 天、15 ～ 30 天及 30 天以上。2019 年，江苏省发布意见鼓励“周五下午与周末结合”的 2.5 天休假方式，这将会让人们有更多时间休闲旅游。

3. 旅游消费市场数据分析

我国旅游市场呈现休闲度假稳定发展、观光旅游仍然是基础市场。长三角地区常住人口超过 2.2 亿，人均收入水平迈入休闲度假旅游消费阶段，现已成为国内旅游大市场。2017 年长三角地区旅游总收入为 3.16 万亿元，占全球 8.77%。长三角地区接待境内外游客总人数 23.47 亿人次。

2018 年，江苏省全年接待境内外游客 81823.7 万人次，实现旅游业总收入 13247.3 亿元。其中，接待国内游客 81422.8 万人次，实现国内旅游收入 12851.3 亿元。苏州市实现旅游总收入 2609 亿元，全年接待入境过夜游客 188 万人次，接待国内游客 12768 万人次。2018 年，太仓市全市旅游接待总人数实现 613.68 万人次，旅游总收入 96.2 亿元。

三、现状分析

电站村辖区面积 3.2 平方千米，其中耕地面积共 3200 亩、林果面积 1800 亩，是一个林木繁茂、果蔬累累、鲜花遍地的苑圃，是一个高楼连栋、设施先进、欢乐祥和的康庄，已基本形成三大板块：生态园林果休闲区、工业集聚区和农民集中居住区。从一个传统电灌站到成为全国农业旅游和现代农业的标杆，电站村的发展路径和智慧经验具有鲜明的中国特色。

1. 竞争优势

（1）区位优势

电站村位于太仓市区北部、金仓湖西延区，距市中心 9 千米，东近金仓湖，南贯新港一级公路，西毗204国道，北依黄金水道杨林塘，沪宜高速（苏昆太高速）从旁而过。路网密布，交通发达，位置优越。从长三角地区来看，电站村正处于南上海、东崇明、西苏锡、北南通的位置，距苏州市中心 59 千米，距上海市中心 50 千米，一小时经济圈辐射长三角核心地区。

（2）经济优势

2019 年，村级总资产近亿元，村级稳定性收入 2150 万元，农民人均纯收入 4.2 万元。村级主要收入来自工业小区物业和土地出租收入、经营收入（含农产品和旅游业）、物业管理和劳务收入。果树种植和休闲旅游，成为电站村生态园的主打产品与主要经济来源。

（3）产业优势

电站村探索出发展生态农业和农村三产的发展之路，依托科技、品牌、现代营销、农旅结合的四大支撑，通过做大果蔬产业带动休闲旅游发展，以休闲旅游业的繁荣反哺果蔬产业、三产服务业的发展，最终形成一条完整的产业链。

（4）团队优势

村领导班子团结且具有突破现有发展模式追求更高效益的强烈冲动，富有追求国内外先进发展理念、优秀智力资源引进的前卫思想。电站村在科普惠农、乡村旅游、生态文明、双拥等方面获得多项国家级、省市级荣誉。

（5）双拥优势

村领导是优秀的退役军人和“双拥模范”。在双拥人才培养方面，电站村拥有退役士兵创业实践基地，为电站村发展提供双拥人才。电站村建立特色“拥军”项目，结合农旅发展，形成富有特色的双拥氛围。

2. 发展制约因素

（1）产业结构与周围区域的高度相似性，缺乏进一步增长的主导产品及产业。电站村和太仓市及城厢镇内的其他村庄产业结构相似性大，对其发展文旅产业形成一定的阻碍。各类名优农林产品产出规模有限，缺乏具有特色的主导产品以及带领产业结构和经济进一步发展的潜力。

（2）业态布局的三大独立板块缺乏产业联动，缺少文旅 IP。

A. 社区的居住功能与经济发展模式几乎无关：社会居民区主要为村民及工业区的生活场所，环境优美但却未与农业文旅区接轨。

B. 工业区效益获取主要来自中心城市工业外溢形成的级差地租，与周围区域模式相似而缺乏纵深发展的想象空间，现有入驻企业与生态林果休闲区的产业联动性弱，未能成为电站村发展的内生性推动力。

C. 观光农业发展水平初级，主题缺乏、小而全、衍生产品缺乏、与周围区域模式同质，直接表现是旅游人均收入低及季节收入不均衡。客群消费结构单一，过境式旅游占多数，过程体验消费、家庭式消费、城市年轻人消费产品不足。

D. 因历史发展所限，缺乏能够作为品牌效应提升的关键要素，缺少电站村独有的文旅 IP，难以形成品牌市场影响力。

第二章　产业篇

一、产业重构目标

以国家乡村振兴战略及政策为指导；以电站村发展现状及区位为基础，力求突破现有区域面积，形成更开放的产业结构；以国内外乡村振兴样板为借鉴；通过创立 IP 赋能产业、国际高端文化艺术资源导入、乡村文旅带动全产业链联动的田园综合体模式，打造具有全国意义的乡村振兴创新典范。

“一个目标”：国际艺术田园综合体

“两个引擎”：文旅产业 + 冷链产业

“三个助推器”：IP 赋能 + 艺术导入 + 双拥助力

二、产业重构战略

1. 产业重构总体战略

根据产业发展连续性及主导产业带动原则，制定电站村产业发展重构战略：

以冷链为产业发展连接器，带动产业提升及产业外溢，突破本村现有土地地域限制从而促使土地平均收益率极大提高。

以 IP 设计为未来全产业链赋能。

以国际国内高端文化艺术资源导入，建立最美艺术氛围的高水平乡村文旅发展新模式。

以双拥文化为特色助力冷链与乡村文旅产业发展。

随着文旅板块崛起，将与之相关产业导入工业集聚区，形成两区产业联动；文化艺术导入工业集聚区和居住社区，形成强烈艺术氛围及民宿产业发展。

2. 产业升级

（1）农产品品牌化

现有林果产业产品品牌设计及产品包装，实现价值提升。

（2）农产品深加工

现有农林产品深加工实现价值提升。

（3）三区联动

A. 农旅区、工业区、居住区全面艺术化。将艺术嵌入现有的三大区域，实现统一的艺术氛围，使艺术赋能全区域，形成全域旅游效应。

B. 产业联动。工业区布局逐渐优化，导入农副产品深加工及 IP 衍生品生产资源，形成产业联动，优化工业区盈利结构。

C. 空置住房民宿化，增加收益增长点。将居民区环境进行艺术化提升，对空置住房进行民宿化改造，留住游客的同时形成新的收益增长点。

3. 产业外溢

（1）加工销售域外优质农产品

以冷链为结点，结合 IP 及退伍军人就业创业设计引入区外产品，通过 IP 包装、加工、销售，形成更开放、影响区域更广泛的产业布局。

（2）冷链统仓共配中心

依托冷链物流，拓展农产品销售渠道和范围。

（3）美食文化综合体

将太仓之仓大卖场打造成为美食文化综合体，形成集美食展示、体验、设计、培训、电商服务及营销一体化的可复制推广模式。

三、新产业结构及业态

1. 新产业结构

电站村以“国际田园艺术综合体”为总体目标重构新的产业结构，以文旅产业和冷链产业作为产业发展的双引擎，以 IP 赋能、国际高端文化艺术资源导入、双拥助力作为产业发展的三个助推器，通过农产品 IP 化升级、文旅产业 IP 化、国际艺术与乡村振

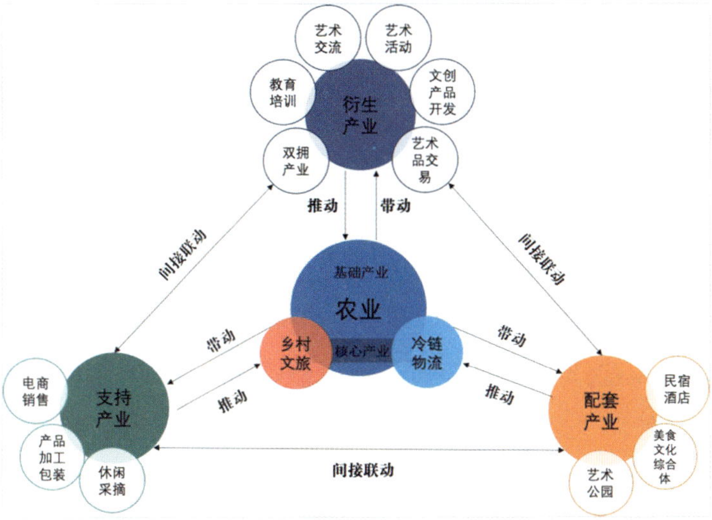

附图 3 电站村新产业业态示意图

兴（电站村）高峰论坛、艺术驻留计划、艺术教育培训、退役军人创新创业学院等多个产业助推燃料带动全产业链联动发展。

2. 新产业业态

电站村以农业作为基础产业，乡村文旅和冷链物流作为核心产业，电商销售、产品加工包装、休闲采摘作为支持产业，民宿酒店、美食文化综合体、艺术公园作为配套产业。根据新产业结构衍生出新的产业业态，包括文创产品开发、艺术活动、艺术交流、艺术品交易、教育培训、双拥产业等，衍生产业与支持产业、配套产业间接联动，三大产业共同推动基础产业及核心产业蓬勃发展。

第三章 文旅篇

一、文旅产业将成产业发展新引擎

乡村文旅产业已成为国家乡村振兴相关政策鼓励的重要部分，电站村已形成乡村文旅产业基础。

电站村区域内现存三大板块中的工业集聚区和集中居住区在短期内难以形成新的收益模型。新的有效资源导入并合理运营完全可能改变电站村的文旅现状，也必然会成为电站村腾飞的新引擎。

文化艺术资源的导入作为文旅产业有机组成，具有产业化的可操作性，开放式的文旅产业结构有利于国内外优势资源集聚并产生集聚效应，文旅产业所衍生的收入将成为整体产业结构中最重要且最稳定的收入之一。

二、国际对标案例

1. 日本熊本县："熊本熊" IP 赋能

日本熊本县一直是农业为主的城镇，"熊本熊"的出现使熊本县一举成名，不仅为其带来更多的观光以及其他附加收入，也让熊本县成为日本著名的旅游大县。在2011年，"熊本熊"创意设计诞生，并成为日本熊本县营业部长兼幸福部长、熊本县地方吉祥物，之后的5年内熊本县旅游人数增长20%，3年内为熊本县创1244亿日元的经济收益（76.3亿元人民币）。

目前，"熊本熊"的相关产品已达2万多种，且与日俱增，其形象已渗透到城市生活的方方面面，成为极富生命力的城市象征。依托"熊本熊"IP塑造了熊本县地方特有的文化符号，带动了当地文旅产业发展，激活了当地经济提升。这个IP不是一个消耗IP，而是一个增值IP，具有吸纳和辐射城市资源的功能，成为连接城市经济社会生活各元素的纽带。这对创造电站村特色IP，发展乡村文旅产业具有很高的借鉴意义。

2. 法国芒通：依势造节

在法国南部的芒通小镇，每年2月份都会举办柠檬节，吸引成千上万的人参加这个独一无二、色彩斑斓的盛会。柠檬节起源于1928年的一个私人庆典，至今已举办80多届。芒通因盛产柠檬而得名，为了庆祝柠檬的丰收，富有幽默感和想象力的芒通人用万千只新鲜柠檬和柑橘非常有技巧地扎成一座座巨大而绝妙的雕塑，如动物、器皿、城堡、教堂，每年一个主题，年年都是新面孔，借雕塑来表现世界各国的文化特色。除了柑橘类水果展览，游客还可以欣赏灯光璀璨的花园，并参加24小时举办的彩车巡游。2020年的柠檬节已有超24万名游客参加。一个具有独特魅力的节日能让游客们流连忘返，也给芒通带来巨大财富。用文化艺术的力量依势造节，产生国际影响力，这对电站村导入艺术资源、开展节庆活动很有借鉴价值。

三、乡村文旅发展目标

1. 发展目标

国际艺术田园综合体

全国乡村振兴示范样板

全国乡村旅游重点村

农村一二三产业融合发展先导区

2. 战略口号

第一步战略口号：Follow Me, Altogether !（一起走！）

第二步战略口号：Follow Me！（跟我走！）

战略口号含义：电站村永远向前走，第一步实现和大家一起走；第二步待自身发展壮大，引领大家跟我走！

四、目标客群分析

1. 按客群年龄分析

（1）00 后客群

00 后以学生为主，表现出周边游、碎片化特征，更崇尚自由、个性化，追求旅游品质，关注兴趣领域、故事内涵和理性消费，更愿意拍照分享塑造个人形象。00 后多以家庭亲子、朋友相约形式出游，网红景点与旅途聚会大受追捧。

（2）90 后客群

90 后是乡村旅游主力消费群体，普遍具有较高的消费能力，更加追求旅游体验感和参与感。消费日趋个性化，越来越把注意力和金钱的支出方向转移到能够为其提供精神价值的经济形态。

（3）70 后、80 后客群

70 后、80 后是旅游消费主导群体，也是乡村旅游主力军，旅游消费力强，追求休闲度假游。通常会带“00 后或 10 后”的子女一同出游，以家庭游、亲子游形式为主。

（4）50 后、60 后客群

50 后、60 后以休闲养生旅游为主，拥有更多的闲暇时间。乡村旅游的出游时间不受假期限制，可贡献更长的出游时间，是一批可以“留下来”的游客。可支配资金自主性强，能贡献更高的消费额。

2. 按客群类别分析

乡村旅游多以家庭、亲子、情侣、团队为单位出游，出游人数多在 2 ~ 5 人，出游方式多以自驾为主 。城市年轻人成为出游主力军，亲近自然、放松身心成为共鸣。在 2018 年乡村旅游的游客中，跨省市出游的游客占比达 56%，其中，61% 的人选择在旅游地过夜。乡村旅游越来越受到人们认可，游客愿意花费更多旅游成本，深入体验乡村生活，多数游客更乐于住在乡村民宿，体验更原汁原味的乡村原始生态。在欣赏乡村景色、体验当地生活之余，不少游客也会在网络上分享出游经历，晒出途中美照。根据目标客群特征，需要有针对性地设计乡村文旅产品体系，打造城市年轻人喜欢的文化旅游氛围，为不同类型的客群提供个性化的旅游产品及服务。

五、三大助推器协同赋能乡村文旅产业

1. IP 赋能——IP 产业化

用 IP 形象全面介入农产品及文创产品的包装、宣传推广及运营，达到 IP 价值赋能。改造电站村农旅休闲区、工业区和居民区，在生产生活实景中嵌入电站村 IP 形象，形成链式、环绕式的电站村特色 IP 文化氛围。

新设计的 IP 精神及形象全面介入电站村农产品、文创产品、文化艺术活动的各产业环节，通过运营新传媒手段等进行包装、推广、运营达到 IP 价值赋能。创造通过 IP 促进乡村振兴的全国榜样。

2. 艺术导入——艺术产业化

利用国际艺术将整个区域打造成独特的乡村艺术公园，成为全年全天候打卡胜地；举办国际艺术与乡村振兴高峰论坛，集聚高端资源，创造乡村艺术达沃斯论坛会展经济新模式；国际高端艺术资源导入，衍生艺术驻留、教育培训、艺术交流、文创开发等文化艺术产业。

附图 4　电站村乡村文旅产品体系

3. 双拥助力——双拥产业化

双拥是电站村最具特色的传统，多年实践已经树立良好的公益形象，加入产业化功能形成的双拥复合形态，必将成为国家创立退役军人创业就业新模式的样板。每年一届的退役军人创业就业论坛不仅汇集全国退役军人交流经验，也会逐渐形成乡村会展经济并促进乡村文旅产业发展的新模式。退役军人创业就业培训学院不仅增强退役军人的创业就业技能，也将培训逐渐产业化，并通过培训发现人才，为冷链生产、运输、营销的产业体系输送人才。退役军人创业节、艺术节必然会为电站村品牌及文旅产业创造更高的价值。

六、乡村文旅产品体系设计

电站村乡村文旅产品体系设计基于对电站村的文旅产业策划，提出在乡村文旅方面能产生实际现金流的产品，形成五大板块、20 个细分领域、N 项收入来源。保障旅游产品综合性，旅游收入均衡性，可以适应不同人群需求，解决乡村文旅结构不完整等问题。

第四章　IP 篇

一、电站村资源要素现状

1. 电站村产业形态发展阶段的跨越必要性

电站村现有两个商标，已形成销售，处于品牌形成的初级阶段。销售方式和区域影响力弱，现有产量规模较小。发展冷链产业和乡村旅游对品牌影响力的要求较高，如果按照传统模式需要承担时间成本和资金成本，亟需依靠打造超级 IP 实现产业形态发展的跨越，以实现电站村全面振兴的目标。

2. 要素分析

电站村资源要素分析情况表

附表 1

资源类别		资源名称	资源介绍	资源评估
历史文化类	历史类	太仓维新遗址	属马桥文化和良渚文化性质；“太仓之根”；第七批江苏省文物保护单位	知名度：低 声望度：低 差异度：低 相关度：低
		电灌站	1958 年建设；村名由来	—
		仗义村	仗义泾横贯村域，村以河命名	—

续附表 1

资源类别		资源名称	资源介绍	资源评估
历史文化类	轶事传说类	仗义泾得名由来	—	—
		新毛芋艿的传说	—	—
		大力士王塱传说	—	—
		王泾仓场渡口	—	—
		高真堂堂名由来	—	—
	民间艺术类	打莲湘	—	—
		蚌壳精舞、荡湖船	—	—
		滚灯	—	—
		莳秧山歌	—	—
		摇船山歌	—	—
		对花山歌	—	—
		采桑歌	—	—
		接绩歌	—	—
		踏水山歌	—	—
自然景观类	自然地理类	仗义泾	电站村生态园及相关旅游景点，主要沿仗义泾两岸展开	—
		杨林塘	—	—
	特色生物类	—	—	—
美食特产类	本地美食	—	—	—
	本地特产	芋艿	—	—
		翠冠梨	—	—
名人资源	—	—	—	—
主题活动资源	—	农民文化节	—	—
		电站村灯光节	—	—

总结：从知名度（无细分领域下的公众认识度）、声望度（对特定目标群体的影响力）、差异度（资源是否具有独特性）、相关度（与生活热点切近程度）4 个维度来评估电站村整体的历史文化、自然景观、美食特产、名人、主题活动 5 个板块的区位资源，总体结论是唯一性与显性不够，IP 化价值薄弱。

3. 项目特点

电站村本身具有开发文旅产业的区位优势、相关产业资源，但作为 IP 打造来讲，缺少大的显性文化资源及景区资源，目前作为田园综合体基础设置完整，大而全，但缺少主题内容及统一规划。

关键词：区位优势、双拥、农旅结合、生态林果、大果蔬、特色旅游。

总结：有旅游、无特色；有内容、无主题。

4. 总体思路

从区域文化背景与电站村本身的精神内核中找结合点，面向未来，面向年轻群体，且能兼顾电站村客观的项目属性与产业类型。

二、超级 IP 目标

1. 超级 IP 初级模式设计目标

讲述电站村独有故事，引入国际艺术资源、数字娱乐资源、艺术教育资源等外部资源，通过内外部资源的有效整合形成不可复制的差异化资源，使电站村成为知名打卡地、超级 IP 打通全产业链、艺术形态成为区域内重要地标，利用超级 IP 及衍生品持续收益。

2. 对标案例

（1）阿那亚——最孤独的图书馆

“最孤独的图书馆”是阿那亚小镇的文化配套，位于秦皇岛北戴河新区国际滑沙中心北边的海边，也叫三联书店海边公益图书馆。建筑物整体呈灰色，面朝大海有一种孤寂的感觉，如今已成为秦皇岛知名的网红打卡地，仅在 2017 年游客接待量就达到 30 万人次。沿着海岸线，以海边慢跑道串起来的建筑，就是阿那亚的精神空间，真正为抽离复杂的社会生活和过剩的社交需求而塑造的孤独场域。海边居民音乐厅、日出美术馆、阿那亚礼堂、孤独图书馆等形态各异，但都带有精神地标特质。

“不可思议的名字 + 吸引眼球的爆点 + 精准的共同情感社群 + 全方位的互联网传播手段”成为阿那亚“最孤独的图书馆”火爆的最重要原因。

（2）北方天使——一座雕塑复活一座城市

“北方天使”是英国知名雕塑家安东尼 · 格姆雷耗时 4 年完成的作品。身为英格兰境内最大的雕塑公共艺术品，天使高度超过 20 米，两翼展开的宽度是 54 米，重达 200 吨，纯钢骨的材料，让天使屹立不摇超过 15 年，默默地守护着英格兰东北这片土地。

这座巨大建筑还成了当地最佳的观光资源，其后当代美术馆（Baltic）与音乐馆（The Sage Gateshead）也在当地成立。使这里由一个原本默默无闻的英国小镇，变为每年有络绎不绝来此地观光的游客，让这个区域转型为一个艺术文化重镇。

“一个著名艺术家 + 震撼的艺术品成为地标 + 超级 IP 带动全区域产业振兴”是北方天使成为超级 IP 的重要原因。

三、IP 顶层设计

1. IP 故事背景——《太仓之舟——来自未来的船队》

基础背景：在我国东海之滨扬子江口，错综交织的河流，青黄相间的田野，温和湿润的气候滋养着一方富饶的水土。从五千年前文明之初，远古先民在这里耕耘与繁衍，孕育了灿烂的鱼稻文化。两千多年日益繁盛，成为万家之邑。运河与大海在这里交汇，“天下粮仓”“六国码头”商贸往来络绎不绝。

千年已过，就在 21 世纪的某一天，一支如梦如幻的船队从时空交汇的远方，穿越时光的帷幕，再次来到太仓，这一次，他们落脚在林木繁茂、果蔬累累、鲜花遍地，水乡富庶的电站村，随船队到来的，还有一位又萌又酷的机甲卫士，带着文明初诞的元气，带着未来世界的光芒，带着继往开来的使命。他热爱电站村这方美丽的有蓬勃生命力与创新精神的水土，于是他留了下来，被村民们任命为电站村 1 号代言人、终身荣誉村长、创新部部长，村民们给他起了个名字叫“电大萌”。

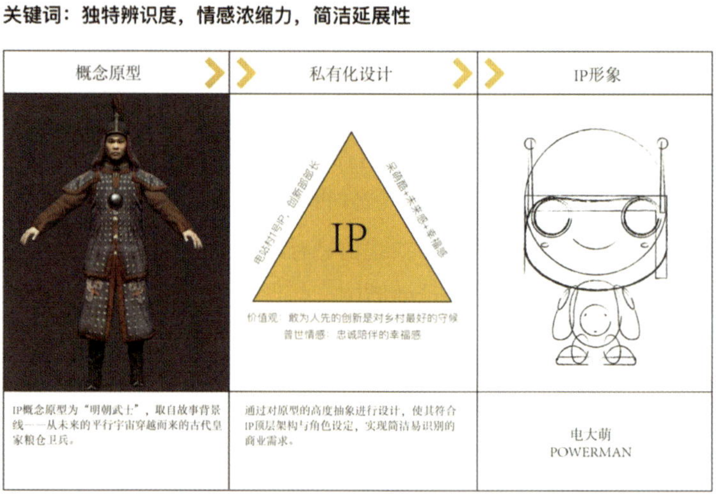

附图 5　电大萌 IP 设计思路图

从此，电大萌与这支充满梦幻力量的船队，承载着电站村一起穿梭时空与浩瀚银河，在新的版图里探索、收获，不断演绎惊奇与欢乐的故事。

2. IP 顶层设计

IP 名称：电大萌（英文：POWERMAN）

IP 身世：从古代皇家粮仓的卫兵角色穿越回来，带领大家用高科技创富的神秘大宝。

IP 身份：电站村 1 号 IP；电站村 1 号代言人；电站村终身荣誉村长；电站村创新部部长。

IP 使命：用最前卫的创新和最温暖的陪伴守护电站村一方水土。

IP 核心价值观：敢为人先的创新是对乡村最好的守候。

IP 普世情感：忠诚陪伴的幸福感。

IP 复合调性：机甲范 + 聚能量 + 幸福萌。

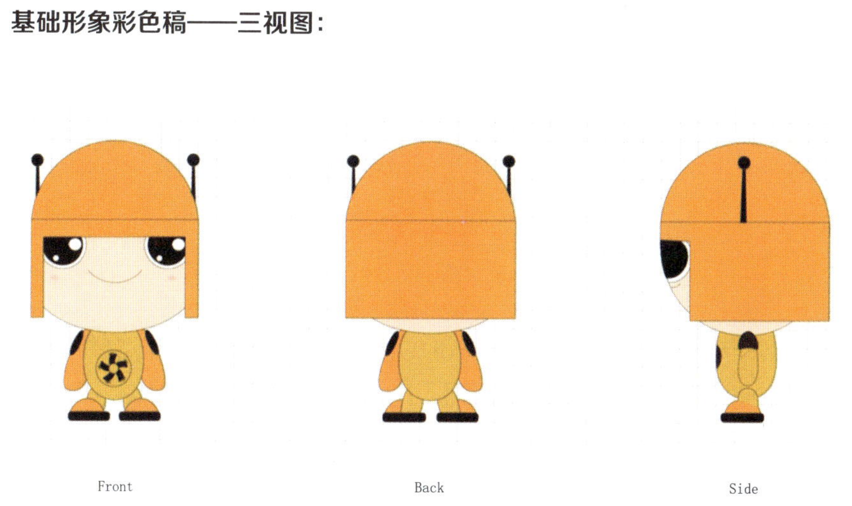

附图 6　电大萌 IP 形象设计图

3. IP 形象设计及要素阐释

整体设计：萌、酷、有科技感和未来感。

头盔设计：表示卫兵身份、代表创新引领未来。

胸口图形：代表发电机的涡轮，与电站村相契合，同时代表时刻高聚合能量，是电

附图 7　电大萌 IP 形象色彩规范图

站村历史和精神的体现。

IP 饮食：疯狂喜欢吃芋艿和翠冠梨。

IP 兴趣：特别好奇喜欢学习新东西、喜欢军事、喜欢湖边晒太阳。

IP 超能力：堪比 AI 的超级自我学习进化力。

IP 自我广告语：时光不够　保持奋逗。

四、IP 应用场景

1. IP 与电站村新战略重点板块的融合

（1）定位层面

在国际艺术田园综合体这个大定位层面：电大萌将作为艺术内容创作与呈现时在调性和主题上的轴心参考坐标。

（2）冷链物流层面

电大萌是穿越到今天的古代天下粮仓的守护者，古代保卫粮食，今天在“农产品冷链物流”里，也是在保卫农产品的进入消费端之前的质量，这是一个逻辑的自洽。在电站村大力发展和创新农产品冷链物流的所有内宣和外宣体系里，都以电大萌作为讲述者和见证者，因为它已见证千年。

（3）乡村文旅层面

电大萌是美丽乡村的守护者、故事的讲述者，以及带着大家一起玩的陪伴者。在乡村文旅的各板块上，电大萌是一个无处不在的代言人。

（4）双拥产业层面

电大萌天然的能量感与军人军事有最基本的调性合拍，同时可以随时以迷彩服元素形象出现。

（5）艺术呈现层面

艺术创作以电大萌以及周边要素为主题和子题。艺术内容引入，以电大萌的使命、调性、故事为匹配参考。

2. IP 视觉呈现实施系统

实施方式：电站村全系统宣传物料以电大萌 IP 作为主要视觉形象，包括但不限于导视系统、公文系统、办公系统、文具系统、户外广告系统、画册名片系统、工服系统、交通工具系统等。目之所及，皆为电大萌 IP。

3. IP 在产业和产品端的呈现系统

实施方式：美食文化综合体内外视觉以及产品包装、冷链、物流、湖边民宿室内室外、果园农场等产业和产品端，皆以电大萌 IP 为主要视觉形象。

五、IP 产业赋能

1. 产业角色逻辑

芋艿：电大萌最爱吃的干粮，电大萌是芋艿 1 号带货王。（平面形象 + 公仔）

翠冠梨：电大萌最爱吃的水果，电大萌是翠冠梨 1 号带货王。（平面形象 + 公仔）

湖边民宿：电大萌的不同表情和状态是每一个民宿的主题，每个民宿小屋门口都有不同风格的电大萌守护。（平面 + 小雕塑）

美食文化综合体：电大萌是第一特产讲解员。（小雕塑 + 公仔）

果园农场：电大萌像它古代的身份一样是守护者。（小雕塑）

2. 产业落地形态

电大萌 1 号伴手礼

电大萌主题嘉年华

电大萌退役军人就业创业学院

电大萌永不落幕的乡村艺术沉浸展

电大萌乡村美食快闪节

电大萌乡村电竞运动系统

3. IP 的多维度传播体系

（1）线下传播：电站村全域多场景的传播。

（2）线上传播：线上电大萌的公众号、抖音、快手、微博；表情包、主题海报、小程序、小游戏等。

（3）跨界传播：授权型跨界传播、结合热点型跨界传播、自主创作型跨界传播。

4. IP 的盈利体系

（1）衍生品体系收益

电大萌公仔玩具体系、功能型机器人 & 电子产品体系、农特产品体系、文创文具体系、服饰潮牌体系、文旅区伴手礼体系等。

（2）授权合作 & 分账收益

电大萌 IP 授权收益、电大萌 IP 跨界联名款商品的销售收益。

（3）外部投资收益

电大萌主题餐饮投资、主题儿童乐园投资、互动娱乐设备类投资等收益。

第五章　艺术篇

一、艺术振兴乡村

1. 电站村艺术活动现状

电站村每年举办主题活动和旅游节庆，如乡村旅游文化节、风筝桃花节、亲子跑主题活动、灯光节、七彩油纸伞文化艺术展等。主题文化活动丰富，但活动普及性及受众有限，艺术氛围整体较缺乏。

2. 艺术振兴乡村案例

（1）艺术激活乡村——许村国际艺术公社

许村国际艺术公社项目位于山西省晋中市和顺县，被誉为乡村版的 798，是山西省具有重大影响力的许村国际艺术节的举办地。基于艺术节引入国际当代艺术与中国乡村社会产生深层交流的理念，定期举行各种国际艺术创作活动、国际艺术家驻村创作计划、青年艺术家扶植计划、慈善艺术教学计划等多种文化艺术活动。

许村国际艺术节 2011 年由艺术家发起，邀请世界各地艺术家参与驻村生活和创作、多层面的艺术交流活动、主题论坛、艺术讲座、艺术教育、展览、展映等。十年中，吸引世界各地人们的眼球。如今的许村已经成为中国艺术乡建的经典范例。

（2）艺术改变乡村——日本·越后妻有大地艺术季

2000 年，日本著名策展人北川富朗邀请来自世界各国的艺术家来到越后妻有，以这里的土地为灵感进行创作，举办了第一届大地艺术季。从此之后，每隔三年，几百位世界顶尖艺术家就会相聚越后妻有，和村民、志愿者们一起创作艺术作品。对当地村民而言，艺术季给他们实现自我价值的机会。艺术在这里不是目的，而是一种生活方式。在艺术家和村民的共同创作下，与自然共生是一件极其美妙的体验。

艺术品散落在村庄、田地、空屋、废弃的学校等 760 平方千米的广阔土地上。既充满当地风土人情，又与大自然及社区息息共生。因为大地艺术季，越后妻有的经济收益大为增长。同时，也成为世界上最成功的户外艺术节、最成功的艺术改变乡村的典范。

（3）艺术振兴乡村——西班牙·胡斯卡蓝精灵小镇

西班牙胡斯卡盛产蘑菇，作为 3D 动画片蓝精灵的宣传基地之一，用 4000 升蓝色油漆把整个小镇 175 座雪白的房屋外墙全部涂成蓝色。变蓝之后的小镇发生了逆袭，从每年的 300 名游客增长到 8 万人，就势推出了各式各样的蓝精灵主题活动、蓝精灵集市，变成了一个生活着的蓝精灵主题乐园。

蓝精灵动漫主题赋予这个村活力，吸引无数粉丝。利用现有蘑菇等资源开展一系列主题活动，如蘑菇考察队、蓝精灵探险之旅、蘑菇博物馆等。游客可以参与蓝精灵绘画比赛。一个被蓝色油漆改变的小镇，成为乡村亲子游范例。

二、艺术振兴电站村的目标

1. 引进国际高端艺术资源

国际高端艺术资源集聚，为打造乡村文旅创新模式提供无限想象空间。由著名旅法艺术家、策展人及世界著名文化科技 AW 公司，引进国内外众多著名高校及艺术家形成资源雄厚富集，为电站村生态园注入艺术生态，带来多元化艺术的内容与体验，实现艺术与生态园的共生共荣，助推电站村乡村文旅大力发展。

2. 提升文化艺术地位和影响力，打造乡村艺术主题公园

力争将电站村从整体文化艺术形象上提高地域影响力，每年举办国际艺术与乡村振兴高峰论坛和国际乡村艺术节，落地国内外艺术院校驻留计划，建设林风眠美术馆，组织艺术交流活动，开展艺术培训，提升整体文化艺术氛围，形成乡村艺术主题公园，奠定未来十年电站村在国际领域的文化艺术地位及影响力。

3. 艺术产业化

以国际乡村艺术节、艺术驻留计划等国际高端艺术活动助推电站村文旅产业发展，带动艺术教育、艺术交流、艺术培训、艺术品交易、会展经济等艺术相关领域逐渐实现产业化。

三、艺术产业策划

1. 大型艺术装置 + 沉浸式体验艺术展

由著名艺术家团队联合国际高端艺术资源，根据电站村发展战略要求设计具有地标性的大型艺术装置作品——《太仓之舟——北京飞来的船队》，寓意电站村在发展中乘风破浪、扬帆远航。结合国际先进数字娱乐科技，配合大型艺术装置创造夜晚场景的沉浸式体验《生命・乐园・欢乐》。

2. 艺术氛围塑造

每年以不同主题创作新的艺术作品，包括区域内的小型艺术装置、雕塑、建筑投影、涂鸦、氛围场所、标示等，给游客带来触、视、听等多层级的感官内容，逐渐将电站村生态园打造成为国际化的乡村艺术主题公园。

3. 国际艺术与乡村振兴高峰论坛

邀请国内外高端艺术资源联合举办每年一届的国际艺术与乡村振兴高峰论坛，发布国际乡村艺术节和驻留计划等系列乡村文旅活动，汇集国内外艺术与乡村振兴领域艺术家和专家参与研讨，打造艺术与乡村振兴的达沃斯论坛，为电站村艺术产业发展聚能。

4. 艺术驻留计划

邀请国际著名艺术家及国际艺术院校参与为期 15 天的艺术驻留计划，进行艺术交流、艺术创作、艺术作品驻留，将电站村作为驻留地。同时面向国内所有有艺术理想与才华的艺术青年开放，驻留计划开放与共享的人才培养模式为艺术学子搭建通向艺术远洋航船的跳板，为艺术多元化发展提供动力，逐渐形成有国际影响力的艺术驻留实践基地。

5. 艺术培训

借助艺术驻留计划的国内外高校资源与专业艺术培训机构合作，开展青少年艺术教育、艺考培训、艺术类海外留学培训，形成持续稳定的艺术培训产业，带动乡村文旅产业发展，打造艺术培训基地。

6. 国际乡村艺术节

由国际著名艺术家带领艺术院校师生参与每年一届的国际乡村艺术节，以艺术作品展览、艺术品市集、艺术演出为主，未来将结合国际艺术与乡村振兴高峰论坛，形成艺术交流、艺术品交易、衍生品开发的艺术会展经济模式，逐渐打造具有影响力的乡村艺术公园。

7. 林风眠美术馆

探讨建设具有世界影响力的林风眠美术馆及系列艺术活动的可行性，以展示林风眠的艺术作品为主，未来可配合国际乡村艺术节和艺术驻留计划进行艺术品展示与交易、艺术品互换与交流、艺术交流活动，打造一座集艺术品展示与交易、国际展览作品互换与交流、艺术家工作坊、艺术交流于一体的美术馆。

8. 约翰·休斯视觉特效培训中心

探讨落地约翰·休斯视觉特效培训中心的可行性，结合艺术培训产业的发展，可开展视觉特效培训，由好莱坞特效大师团队教学，未来形成可观的培训收入，特效影棚也能成为网红打卡地。

第六章　双拥篇

一、发展目标

1. 强化双拥传统

基于双拥传统和优势，继续强化独特亮点，不仅进一步推动电站村品牌效应，在产业结构重构中发挥双拥要素作用，集聚优质资源，打造难以复制的产业模式。

2. 双拥特色产业发展模式

创造以双拥为特色的产业发展模式，既要有公益性，更要注重产业效益。不仅是单纯的就业创业指导，还要引导区域内外退役军人共同参与电站村经济发展体系，形成独有的产业外溢发展模式和产业结构关系。

3. 双拥会展经济模式

通过双拥各项目及活动策划与乡村文旅发展紧密结合，形成新型的双拥会展经济模式。

4. 为国家提供决策参考

探索助力退役军人就业创业的创新模式和以双拥为特色的产业结构重构，为国家制定退役军人就业创业相关政策、发展模式推广提供决策参考。

二、优势积累

电站村在双拥方面有着多年实践，获得省级“双拥模范城”等多项荣誉。人大文产院作为国家高端智库以及退役军人事务部专家组成员单位，结合自身学科专业特点，主持并参与退役军人事务部多项重点课题研究工作，在退役军人现状调查、政治思想工作以及创业就业政策等方面有丰富的实践经验及学术研究成果。双方在双拥及退役军人方面的积淀都为以双拥为主题的实践活动及退役军人创新创业学院建设提供了有利条件。

三、双拥产业化创新

1. 中国退役军人就业创业高峰论坛

高水平的高峰论坛永远是资源整合的最佳形式。策划中国退役军人就业创业高峰论坛，以电站村为基地，凭借地区多年的双拥经验及获得的荣誉，寻求市级、省级、国家级等有关部门的支持，邀请政府领导、咨询机构、科研院校、国际经验研究人员、优秀退役军人代表共同进行政策探讨、经验分享、模式创新。

2. 全国退役军人创业节

创办每年一届的全国退役军人创业节，寻求政府有关部门的支持，邀请全国退役军人进行创业项目的展示与交流，促进资本市场与退役军人创业整合，推动金融投资机构参与项目的孵化、推广。通过退役军人创业节，进一步宣传推广电站村的产业发展模式并促进优质资源的整合。

3. 全国退役军人艺术节

邀请国内退役军人著名艺人、艺术家共同举办退役军人艺术节，与国际乡村艺术节形成联动，打造具有全国示范意义的双拥文化基地。

4. 建设军事主题公园

基于现有军事主题区，利用虚拟现实等数字技术模拟战争、军事活动等场景，让观众身临其境体验军事现场，同时引进 VR 体验军事类游戏项目、军运会训练项目，建设军事主题公园。

四、退役军人就业创业学院

1. 创办退役军人就业创业学院

退役军人就业创业学院由政府、科研机构、高等院校等合作建设，着眼于提高退役军人的专业技能，解决退役军人就业，鼓励退役军人创业，并提供创业扶持基金，带领退役军人致富。同时，推广电站村商业模式，引导退役军人参与电站村的商业模式拓展。

学院的教学体系根据退役军人的年龄、专业及地区分布进行设计，教学内容涵盖国家退役军人就业创业政策、就业基本技能培训、创业的基本理论及思维逻辑、电站村产业外溢模型及各地退役军人融入、与创业有关的金融、投资、资本整合模式等。

2. 创业导师计划

围绕退役军人就业创业工作、配合退役军人就业创业学院而设立的人才发展计划。拟通过组织动员青联、政协、人大等社会团体以及政府职能部门、重点高校、知名企业内具有丰富工作经验的退役军人担任创业导师，发挥其在职业规划、创业指导、吸纳就业等方面的传帮带作用。以创业导师的实践经验，引领和带动退役军人通过自身实现就业，通过开展有针对性的企业实习、创业实践等活动，进一步提高退役军人创业成功率。

五、退役军人创业投资基金

面向全国退役军人创业项目，争取国家政府有关部门的支持，邀请国内顶级投资机构共同组建退役军人创业投资基金，发现、孵化、培育并推广一批优质退役军人创业项目，直至其进入资本市场。

第七章　运营篇

一、成立专业运营公司

建议电站村整合现有资源，成立专业的文化艺术运营公司，根据电站村产业发展方向及业务需要设置多个业务中心。吸纳专业运营人才，负责全面执行策划和规划内容的运营工作。

建议运营公司下设九大运营中心，包括财务中心、人力资源中心、法务中心、IP 事业中心、艺术管理中心、双拥产业中心、教育培训中心、新媒体运营中心、投融资中心。重点为六大运营中心。

IP 事业中心：负责 IP 运营及衍生品开发、营销等工作。

艺术管理中心：负责艺术驻留计划、文化艺术活动策划及执行等工作。

双拥产业中心：负责实现双拥产业化，运营退役军人就业创业学院以及相关活动策划及执行。

教育培训中心：负责开展艺术培训，运营约翰·休斯视觉特效培训中心。

新媒体运营中心：负责配合公司各部门进行品牌推广、宣传及运营。

投融资中心：负责为公司各项目实施筹集资金。

二、运作模式

坚持“企业主导、政府支持、规划先行、总量平衡、市场化运作”的模式。

企业主导：项目以电站村新成立的运营公司为主体实施，依托各方资源优势共同搭建项目运作平台。

政府支持：项目由政府支持，政府履行行政服务职能和监督职能。

规划先行：按照“整体规划、分区核算、分步实施”的建设原则，对项目策划内容进行整体规划。

总量平衡：通过后期产业运营收益来平衡项目投入产出，确保投资与回报总量平衡。

市场化运作：项目在投融资、产业导入及运营等阶段进行市场化运作，充分配置内外部资源，实现效益最大化。

第八章　金融篇

一、投融资规划

在确定上述策划方案和行动计划后，测算资金的需求，在保证科学布局的前提下，确保财务的充足支持，以期实现上述规划。

1. 在确定投资总量为 T 的前提下，保证自有资金一定规模的充足率。

2. 电站村让渡一部分二级企业股权，以期获得股权投资。

3. 充分利用供应链金融等外部资金扩展流量。

4. 争取在 2025 年实现 IPO。

二、上市公司战略

整合电站村现有全部经济体，成立顶层企业“电站村农文旅融合发展集团有限公司”。集团公司作为将来的上市主体，下设 5～10 个二级企业，都必须由总公司控股，以便于并表。由二级公司作为实体经济主体，如文化艺术公司、旅游发展公司、田园度假管理公司、村级供销合作社、电商冷链物流公司和现代农业公司等。目标是让“电站村农文旅融合发展集团有限公司”成为太仓的乡村振兴企业代表，成为苏州的明星企业。

中国人民大学文化产业研究院作为“电站村农文旅融合发展集团有限公司”的策划和顾问机构，愿意伴随电站村成长！

现代化大卖场（2020年）

◉ 主要参考文献

李端修，桑悦纂:《明弘治太仓州志》，缪朝荃汇刊，1909 年（清宣统元年）。

时宝臣编:《双凤里志》，卷六（抄本）。

时宝臣撰:《直塘里志》，卷六（稿本），广陵刻印社影印本，1835 年（清道光十五年）。

顾湄撰:《重编双凤里志》。

程穆衡撰:《太仓风俗记》。

王祖畲、钱溯耆等纂修:《太仓州志》（刻本），1919 年（民国 8 年）。

太仓县县志编纂委员会编:《太仓县志》，江苏人民出版社，1991 年。

太仓市双凤镇志编纂委员会编:《双凤镇志》，方志出版社，2013 年。

太仓市地方志编纂委员会编:《太仓市志（1986—2005）》，方志出版社，2014 年。

◉ 编后记

2018 年 1 月，电站村启动中国名村志编纂工作。1 月 5 日，名村志编纂申报表正式上报，这是太仓市首部申报编纂的名村志。

3 月 7 日，太仓市史志办在电站村举行《中国名村志丛书 · 电站村志》编纂启动会议，出席会议的有太仓市史志办相关负责人，电站村党委、村委领导和《中国名村志丛书 · 电站村志》编纂的分管人员以及特邀的编辑。会上初步确定纲目的内容与撰写的要领，成立编纂委员会。

4 月 20 日,《中国名村志丛书 · 电站村志》编纂纲目审定会在电站村召开，苏州市方志办和太仓市的史志办领导、专家，电站村的领导和相关编纂人员出席会议。会上确定《中国名村志丛书 · 电站村志》的基本纲目，除编纂的必备纲目外，重点突出能反映电站村名优特点的生态农业、乡村旅游、宜居家园等内容。

整部村志，文字部分由焦桐老师一人执笔，其他编纂人员主要进行资料搜集，内容校核等。图片部分，除有署名外，均由电站村提供。

10 月,《中国名村志丛书 · 电站村志》文字初稿完成。文字初稿交太仓市史志办审阅后进行修改。2019 年 1 月，完成文字第 2 稿。

2019 年 2 月 28 日,《中国名村志丛书 · 电站村志》初审会在电站村进行。苏州市方志办多位专家、太仓市史志办领导和专家出席会议。电站村党委、村委领导,《中国名村志丛书 · 电站村志》主要编纂人员也出席会议。会上，史志专家陈其弟、傅强在肯定《中国名村志丛书 · 电站村志》编纂速度快、初稿质量较高的基础上，就志稿在纲目优化、内容记述突显重点特色、行文补充要素数据等多个方面提出详细的评审意见和清晰的修改方向。

初审会后，编撰者又对文字稿进行修改，形成第 3 稿，然后在 8 月完成包含插图的第 4 稿，分送省内专家审核修改。史志专家黄静、虞建宣提出中肯的意见。据此,《中国名村志丛书 · 电站村志》又做了较大幅度修改，到 10 月底，完成第 5 稿。

11 月 18 日,《中国名村志丛书 · 电站村志》复审会召开。苏州方志办专家傅强、陈其弟再次对《中国名村志丛书 · 电站村志》的文字和图片提出修改意见。12 月 3 日，两位专家又一次赶到电站村，专门审核插图。

2020 年 1 月,《中国名村志丛书 · 电站村志》完成终审稿（第 6 稿）。2 月，撰写者再次对终审稿的文字部分进行少量修改和校核，对插图进行部分调整。2 月 28 日，终审稿交付专家审核。

4 月 22—23 日,《中国名村志丛书 · 电站村志》省级终审会在电站村召开。出席会议的有江苏省方志办许善军、焦寨军，苏州市方志办陈兴南、陈其弟、傅强，太仓市史志办顾鸿飞、范志芳、邢友来，史志专家杜仁彬、翁建明、徐秋明，城厢镇分管领导张俊华,《中国名村志丛书 · 电站村志》编纂委员会全体成员。

苏州市方志办副主任陈其弟主持会议，城厢镇人大主席张俊华致辞，电站村党委书记王义平介绍电站村情况和《中国名村志丛书 · 电站村志》编纂过程。专家评审发言，常州市方志办杜仁彬、吴中区方志办翁建明、昆山市方志办徐秋明分别对《中国名村志丛书 · 电站村志》发表了中肯的评审意见。专家们对终审稿存在的问题，从内容到结构，从篇目到图文，从文字到标点，从宏观到微观，相当详尽地指出，毫无保留地提供修改意见，为终审以后的进一步完善，指明了正确的方向。然后陈其弟代表评审会议宣读终审意见，通过省级终审。最后太仓市史志办顾鸿飞、苏州市方志办陈兴南、江苏省方志办许善军分别讲话，希望《中国名村志丛书 · 电站村志》能早日付梓。

在整部《中国名村志丛书 · 电站村志》的编纂过程中，电站村领导班子对村志的编纂高度重视，党委书记参与整部村志编纂的全过程，党委副书记直接分管，老村长全程协助，其他村干部也全部为村志的编纂尽心竭力。而电站村的村民，无论是已经退休的村干部，还是普通的村民，都尽其所知所能，提供材料，使许多珍贵史料得以载入。同时，太仓市和城厢镇的领导也高度重视，更有史志战线的各级部门，从省到市，相关各位领导和专家审阅修改，统筹安排，为《中国名村志丛书 · 电站村志》的顺利出版奠定了坚实基础。在此谨表深切感谢。

编　者

2020 年 5 月